Dic

visuel

ANGLAIS

LAROUSSE

21, rue du Montparnasse 75283 Paris cedex 06

© Larousse, 2014
21, rue du Montparnasse
75283 Paris Cedex 06, France

www.larousse.fr

978-2-03-590156-9

Direction du département Dictionnaires et Encyclopédies
Carine Girac-Marinier

Direction éditoriale
Claude Nimmo

Édition
Giovanni Picci

Traduction, rédaction
Émilie Bourdarot

Reformulation
François Férole, Matt Stokes

Direction artistique
Ulrike Meindl

Mise en page
Olivier Déduit

Informatique éditoriale
Dalila Abdelkader

Fabrication
Marlène Delbeken

Sommaire

Les indispensables p.6

Les indispensables 6
Où es-tu ? 10
Les verbes 12
Les chiffres 14
Les saisons, les mois et les jours 16
La journée 18

Les gens p.20

Qui es-tu ? 20
La famille 22
Les relations 24
L'école 26
Le travail 28
Je me décris 30
Les signes particuliers 32
Je suis... 34
Je me sens... 36
Le visage 38
Le corps 40
Les bobos 44
À la pharmacie 46

Les vêtements p.48

Je m'habille 48
Les vêtements d'hiver 50
Les vêtements d'été 52
Les vêtements décontractés 54
Les accessoires 56
Les bijoux 58
Les couleurs 60

Le temps libre p.62

Les loisirs 62
Les jeux 64
Les sports 66
La piscine 68
La musique 70
Les vacances à la mer 72
Les vacances à la montagne 74
Visiter Londres 76
Visiter le Royaume-Uni 78
La météo 80
La nature 82
Les fleurs 84
Les arbres 86

Les lieux p.88

La maison 88
L'appartement 90
La cuisine 92
Les ustensiles 94
La salle de bains 98
La chambre 100
Le salon et la salle à manger 102
Le bureau 104
Au bureau 106
L'informatique 108
Le jardin 110
La ville 112
Une promenade à Londres 114
Autour de la ville 116
La campagne 118
Les bâtiments 120
Les commerces 122
Les courses 124
Les quantités 126
Les transports sur terre 128
Les transports sur l'eau et dans l'air 130

À table p.132

Les repas 132
Le petit déjeuner 134
La viande 136
Le poisson 138
Mollusques et crustacés 140
Les cuissons et les saveurs 142
Les légumes 144
Céréales et légumineuses 146
Les fruits 148
Les fruits secs 152
Les condiments 154
Les herbes aromatiques 156
Les desserts 158
Les boissons 160
À table chez les Anglais 162

Les animaux p.164

Les animaux 164
Les insectes 170
Les oiseaux 172

Lexique français-anglais p.175

Good morning!
[goudd môninng]
Bonjour !

Hello!
[Helow]
Salut !

Hi! est un peu plus familier.

How are you?
[Hao âr you]
Comment ça va ?

I'm fine, thank you.
[aïm faïn THannk you]
Je vais bien, merci.

Une petite blague très connue pour commencer : Why is 6 afraid of 7? Because 7 ate 9. Ate (prétérit de eat, manger) se prononce comme 8 (eight), on entend donc 7 8 9 !

Why?
[ouaï]
Pourquoi ?

la lettre Y se prononce pareil

Because...
[bikoz]
Parce que...

Goodbye!
[gouddbaï]
Au revoir !

On dit aussi *bye* ou *bye-bye* en langage plus familier.

See you soon!
[si you soun]
À bientôt !

Dors bien ! *Sleep tight!*

Good evening!
[goudd ivning]
Bonsoir !

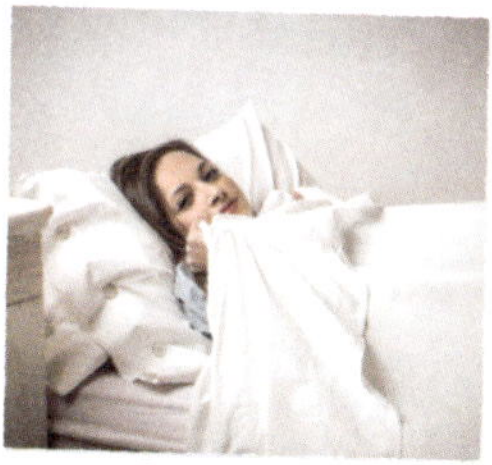

Goodnight!
[gouddnaït]
Bonne nuit !

On peut dire aussi *okay* ou *fine*.

Excuse me!
[ekskiouz mi]
Pardon !

Excuse me, where is the post office? Pardon ! Pouvez-vous me dire où se trouve la poste ?

Alright.
[ôlraït]
D'accord.

Please.
[pliz]
S'il te plaît.

En langage plus familier, merci se dit aussi thanks ou cheers.

Thank you!
[THannk you]
Merci !

You're welcome!
[your ouèlkeum]
De rien !

On peut dire aussi : no problem, ou don't mention it.

Help!
[Hèlp]
Au secours !

Be careful!
[bi kèrfoul]
Attention !

ou bien : Watch out!

Have a nice trip.
[Hav e naïs trip]
Bon voyage.

What's your name?
My name is Paul Dupond.
My first name is Paul.
My last name is Dupond.

My name is...
[maï nèïm iz]
Je m'appelle...

I don't understand.
[aï downt indeustannd]
Je ne comprends pas.

Sorry!
[sori]
Désolé !

tant pis, ne t'inquiète pas : never mind

It doesn't matter.
[it deuzeunt mateu]
Ce n'est pas grave.

On appelle les principaux mots interrogatifs the five Ws : who, what, when, where, why.

Where?
[ouèr]
Où ?

When?
[ouènn]
Quand ?

Où es-tu ?

in front of
[inn freunnt ov]
devant

Attention !
dans la voiture
in the car
dans le bus
on the bus

behind
[beuHaïnnd]
derrière

outside
[aottsaïd]
dehors

inside
[insaïd]
dedans

between
[bitouinn]
entre

« Près de » se dit
close to ou near.
it's nearby
it's close by
c'est tout près

next to
[nèkst tou]
à côté de

on the left
[onn Zeu lèft]
à gauche

on the right
[onn Zeu raït]
à droite

here
[Hir]
ici

Être de gauche (politiquement) se dit to be left wing et être gaucher to be left-handed.

there
[Zèr]
là-bas

ou bien : over there

above
[eub**euv**]
au-dessus

« Sous » se traduit par under : under the blanket sous la couverture

below
[bil**ow**]
en dessous

Les verbes

to go
[tou gow]
aller

go away!
va-t'en !

to come
[tou keum]
venir

faire du cerf-volant
to fly a kite

to walk
[tou wôk]
marcher

to run
[tou reunn]
courir

Attention, les objets ne marchent pas en anglais, ils travaillent ! « Elle marche, ta voiture ? »
Does your car work ?

to go up
[tou gow eup]
monter

descendre les escaliers
to go down the stairs

to go down
[tou gow daonn]
descendre

to be
[tou bi]
être

Riche se dit rich, wealthy, well-off, et très riche filthy rich, rolling in money.

to have
[tou Hav]
avoir

C'est un moulin à paroles. She's a chatterbox.

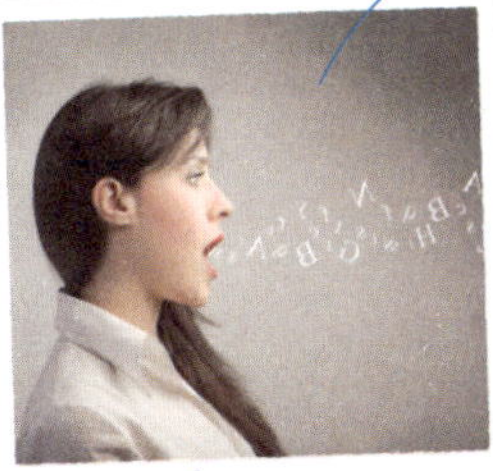

to say
[tou sèï]
dire

to hear
[tou Hir]
entendre

Être sourd, c'est to be deaf ou to be hard of hearing.

to do
[tou dou]
faire

Make, c'est plutôt « faire » au sens de « fabriquer », « construire ».

to see
[tou si]
voir

regarder
to watch

Les chiffres

to count
[tou **ka**onnt]
compter

En sport, gagner 3 à zéro, c'est win 3-nil. Au tennis, c'est plus glamour : trente à zéro, par exemple, se dit thirty-love !

zero
[**zieu**row]
zéro

one
[oueunn]
un

two
[tou]
deux

To put two and two together, c'est faire le rapprochement.

three
[Thri]
trois

Envie d'une guerre des pouces ? Déclarez-la ! One, two, three, four, I declare a thumb war.

four
[fôr]
quatre

five
[faïv]
cinq

donner une gifle à quelqu'un
to slap somebody

Il a l'air coupable.
He looks guilty.

six
[siks]
six

seven
[sèveun]
sept

Blanche-Neige et les 7 nains
Snow White and the Seven Dwarfs

eight
[èït]
huit

nine
[naïnn]
neuf

les plus heureux des chiffres : to be in seventh heaven, c'est être au septième ciel, et to be on cloud nine, être aux anges !

ten
[tènn]
dix

Les saisons, les mois et les jours

spring
[sprinng]
le printemps

Early spring, c'est le début du printemps et late spring la fin.

March
[mâtch]
mars

April
[**èï**preul]
avril

May
[mèï]
mai

June
[dj**ou**n]
juin

July
[djoul**aï**]
juillet

August
[**o**gueusst]
août

Les vacances d'été s'appellent summer holidays et aux États-Unis, summer vacation.

summer
[**seu**meu]
l'été

autumn
[**ô**teum]
l'automne

On l'appelle fall aux États-Unis, en référence aux feuilles qui tombent...

September
[sèpt**è**mbeu]
septembre

October
[okt**ow**beu]
octobre

November
[nowv**è**mbeu]
novembre

winter
[ouinnteu]
l'hiver

Au sens figuré, on dira d'un vieil homme *he's reaching the winter of his life.*

December
[dissèmbeu]
décembre

January
[djanioueri]
janvier

February
[fèbioueri]
février

Monday
[meunndèï]
lundi

Pas trop la pêche le lundi matin ? *You have the Monday blues!*

Sunday
[seundèï]
dimanche

Je le ferai mardi prochain. *I'll do it on Tuesday.*
Elle sera de retour d'ici mardi. *She'll be back by Tuesday.*

Tuesday
[tiouzdèï]
mardi

Saturday
[sateudèï]
samedi

Et quand la semaine finit, on dit *TGIF = Thank God it's Friday* : enfin le week-end !

Wednesday
[ouènnzdèï]
mercredi

Friday
[fraïdèï]
vendredi

Thursday
[THeurzdèï]
jeudi

La journée

dawn
[dônn]
l'aube

On dit aussi daybreak.

morning
[m**ô**rninng]
le matin

midday
[midd**èï**]
le midi

...ou noon. C'est aussi lunchtime, l'heure du déjeuner.

afternoon
[afteun**ou**n]
l'après-midi

En Angleterre, quatre heures, c'est l'heure du thé : teatime.

evening
[**i**vninng]
le soir

night
[naït]
la nuit

Ça, c'est un joli croissant de lune : crescent moon.

to get up
[tou gèt eup]
se lever

se réveiller
to wake up

Elle se brosse les dents.
She's brushing her teeth.

to wash
[tou woch]
se laver

to go home
[tou gow Howm]
rentrer

Are you an early bird (un lève-tôt) *or a night owl* (un couche-tard)?

to go out
[tou gow **a**ott]
sortir

s'endormir
to fall asleep
to go to sleep

to go to bed
[tou gow tou bèd]
se coucher

to sleep
[tou sl**i**p]
dormir

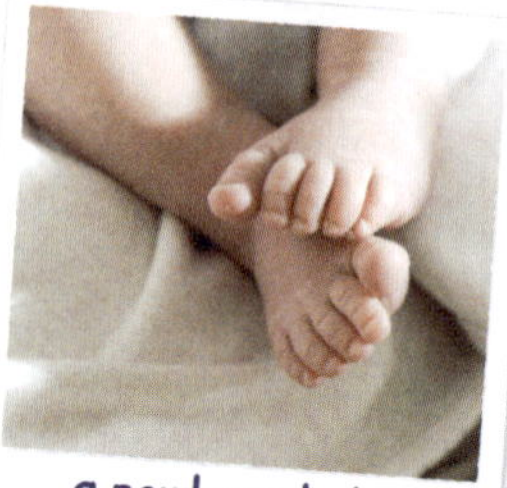

a newborn baby
[nïubôrnn bèïbi]
un nouveau-né

a crybaby, c'est un pleurnichard

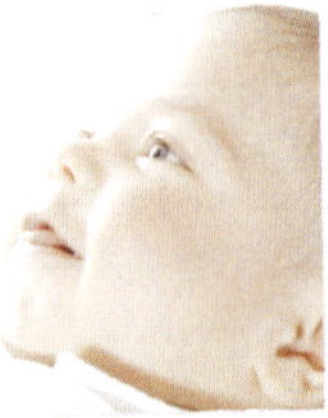

a baby
[bèïbi]
un bébé

a little boy
[liteul boï]
un petit garçon

Il joue avec des jumelles (binoculars). À ne pas confondre avec les sœurs jumelles : twins.

a little girl
[liteul gueurl]
une petite fille

a young man
[yeunng mann]
un jeune homme

Attention ! Woman devient women au pluriel, mais c'est la première syllabe qu'on prononce différamment : [wimeunn] !

a young woman
[yeunng woumeunn]
une jeune fille

a man
[mann]
un homme

Un adulte, c'est *an adult* ou *a grown-up*.

a woman
[w**ou**meunn]
une femme

an old person
[owld p**eu**rsseun]
une personne âgée

On dit aussi *an elderly person* ou *a senior citizen*.

laissez-moi tranquille !

a teenager
[tinèïdjeur]
un adolescent

a person
[p**eu**rsseun]
une personne

À retenir, le pluriel de *person* est *people* : *one person*, *two people*.

a group
[group]
un groupe

La famille

grandparents
[grandpèreunts]
les grands-parents

parents
[pèreunts]
les parents

grandfather
[granndfaZeu]
le grand-père

papi
grandpa, granddad

father
[faZeu]
le père

papa
dad, daddy

grandmother
[grannmoZeu]
la grand-mère

mamie
grandma, granny

mother
[moZeu]
la mère

maman
mum, mummy

son
[seun]
le fils

Son se prononce comme sun, le soleil.

daughter
[d**ô**teu]
la fille

my son and my daughter are my children

arbre généalogique
family tree

grandson
[gr**a**nnseun]
le petit-fils

granddaughter
[gr**a**nnd**ô**teu]
la petite-fille

grandchildren

frères et sœurs (sans distinction de sexe) = siblings

oncle = uncle

tante = aunt

brother
[br**o**Zeu]
le frère

sister
[sisteu]
la sœur

Elle fait des bulles.
She's blowing bubbles.

married
[maridd]
marié

Elle porte « une alliance » : a wedding ring.

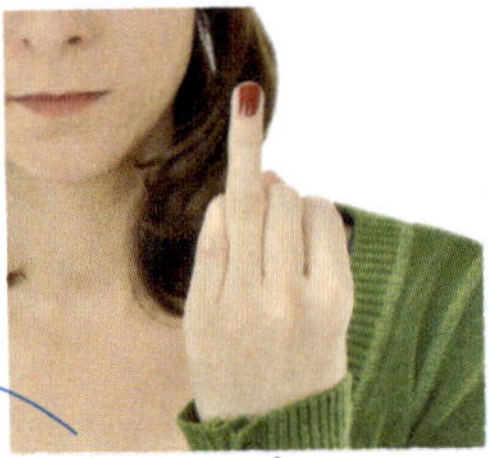

single
[sinngueul]
célibataire

et entre les deux : engaged

boyfriend
[boïfrènnd]
le petit ami

« Se téléphoner », c'est to phone each other, to ring each other ou to call each other.

girlfriend
[gueurlfrènnd]
la petite amie

on dit beaucoup partner, qui, lui, n'a pas de sexe

husband
[Heuzbeund]
le mari

Ils se sont disputés.
They quarrelled.

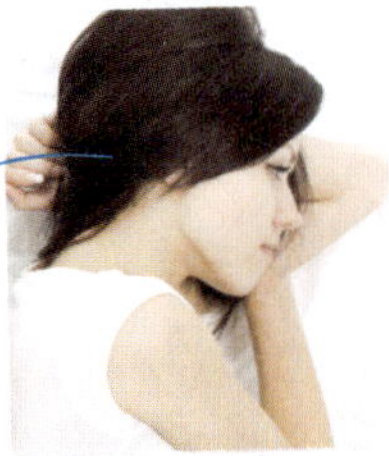

wife
[ouaïf]
la femme

friend
[frènnd]
le copain

Lu dans les textos :
BFF =
Best
Friends
Forever

friend
[frènnd]
la copine

neighbour
[nèïbeu]
le voisin

To keep up with the Joneses, c'est s'efforcer de faire aussi bien que les voisins.

neighbour
[nèïbeu]
la voisine

colleague
[kolig]
le collègue

On dit aussi co-worker ou, plus familièrement, workmate.

colleague
[kolig]
la collègue

primary school teacher
[praïmeuri skoul titcheu]
l'instit

Elle est très stricte.
She's very strict.

teacher
[titcheu]
le prof

pupil
[pïoupeul]
l'élève

Student s'emploie aussi, surtout aux États-Unis, pour désigner un lycéen.

student
[stioudeunt]
l'étudiant

board
[bôdd]
le tableau

un bâton de craie
a piece of chalk

on dit aussi *rucksack*

backpack
[bakpak]
le sac à dos

French
[frènnch]
le français

À propos, hamlet, ce n'est pas que le nom de la pièce la plus connue de Shakespeare, ça signifie aussi « hameau ».

English
[innglich]
l'anglais

être bon en math
to be good at maths
être mauvais en math
to be bad at maths, to be hopeless at maths

history
[Histri]
l'histoire

maths
[maTHss]
les maths

P.E.
[pi i]
la gym

l'abréviation de *Physical Education*

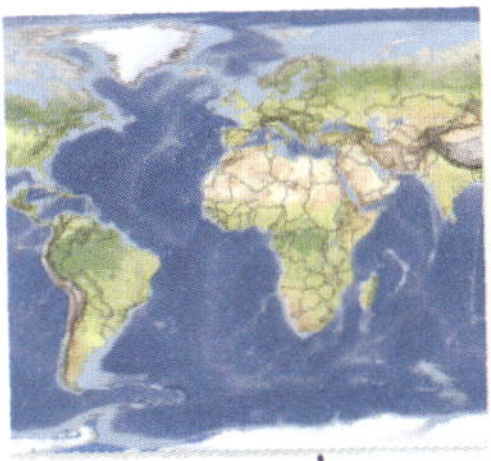

geography
[djiogreuphi]
la géographie

Le travail

lawyer
[l**ô**yeu]
l'avocat

Quand on n'a pas de travail, on est *jobless*, *unemployed*, *out of work*.

farmer
[f**â**rmeu]
l'agriculteur

doctor
[d**o**kteu]
le médecin

On dit aussi *physician*, à ne pas confondre avec le physicien, *physicist* !

journalist
[dj**eu**rneulist]
le journaliste

postuler à un emploi
to apply for a job

avoir un entretien
to have an interview

plumber
[pl**eu**meu]
le plombier

mechanic
[meuk**a**nik]
le garagiste

driver
[draïveu]
le chauffeur

Ici plutôt a policewoman ! On dit aussi police officer (indifféremment du sexe).

policeman
[peulismeunn]
le policier

fireman
[faïeumeunn]
le pompier

... ou firefighter

soigner quelqu'un
to nurse somebody

nurse
[neurss]
l'infirmier

Pour appeler les urgences : 999 au Royaume-Uni et 911 aux États-Unis !

worker
[weurkeu]
l'ouvrier

Ici, il s'agit d'un ouvrier du bâtiment, a builder or a building worker.

vet
[vètt]
le vétérinaire

young
[yeunng]
jeune

Prendre sa retraite se dit to retire. À ne pas confondre avec retirer de l'argent, to withdraw money.

old
[owld]
vieux

les jeunes
young people

tall
[tôl]
grand

tir à la corde
tug-of-war

short
[chôrt]
petit

On peut dire aussi slender ou thin...

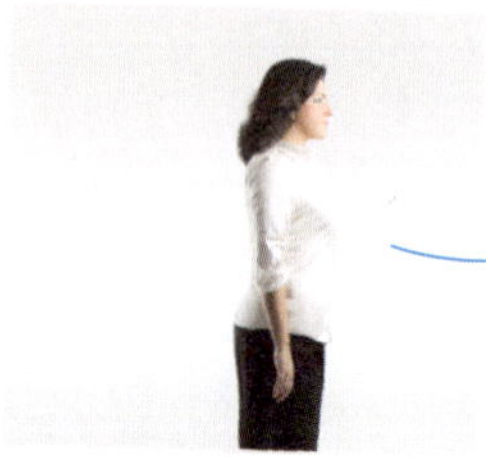

slim
[slimm]
mince

overweight ou plump

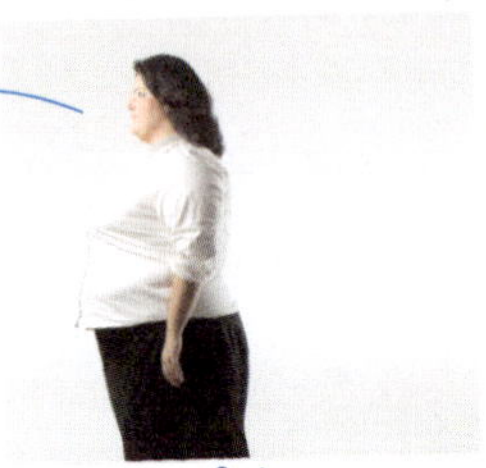

fat
[fatt]
gros

se mettre au régime
to go on a diet

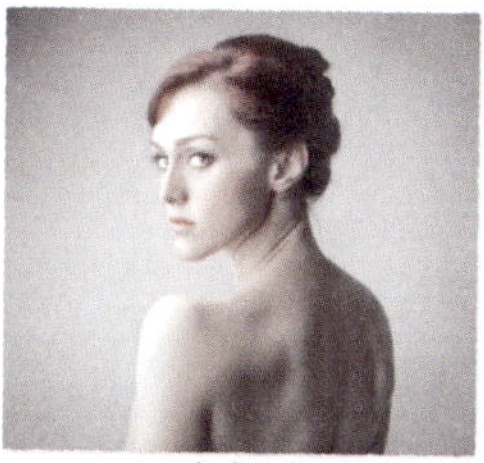

good-looking
[goudd-**lou**kinng]
beau

Une belle femme est beautiful, un bel homme est handsome. Les deux sont attractive.

ugly
[**eu**gli]
laid

« Laid comme un pou » se dit ugly as sin, laid comme un péché.

blond
[blonnde]
blond

brown
[dârk]
brun

et une brune, a brunette

red
[rèd]
roux

il est roux : this is a red-haired guy, he has ginger hair

bald
[bôld]
chauve

Les signes particuliers

beard
[b**i**eude]
la barbe

Au sens figuré, « la barbe ! » se dit what a pain in the neck!

moustache
[moust**â**ch]
la moustache

a five-o'clock shadow
la barbe d'un jour

goatee
[gowt**i**]
le bouc

L'animal s'appelle billy goat et un bouc émissaire se dit a scapegoat.

freckles
[fr**è**keulz]
les taches de rousseur

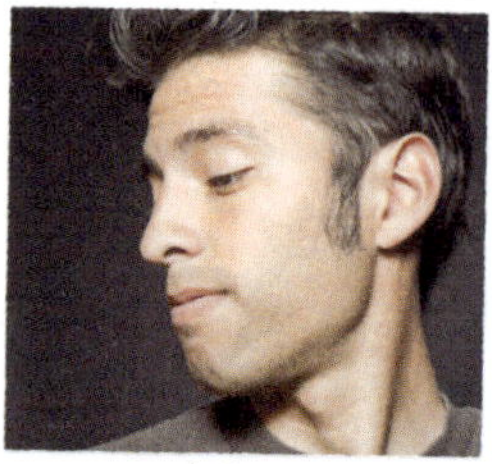

sideburns
[s**aï**dbeurnz]
les pattes

Dimples are cute!
C'est mignon les fossettes !

dimples
[d**i**mpeulz]
les fossettes

scar
[skâ]
la cicatrice

To scar, c'est laisser une cicatrice ou marquer profondément, au sens psychologique.

beauty spot
[bïouti spot]
le grain de beauté

si c'est plus gros et épais, c'est un *mole*

glasses
[glâssiz]
les lunettes

Glasses s'utilise toujours au pluriel. On peut dire aussi, en langage soutenu *spectacles*, et *specs* en langage familier.

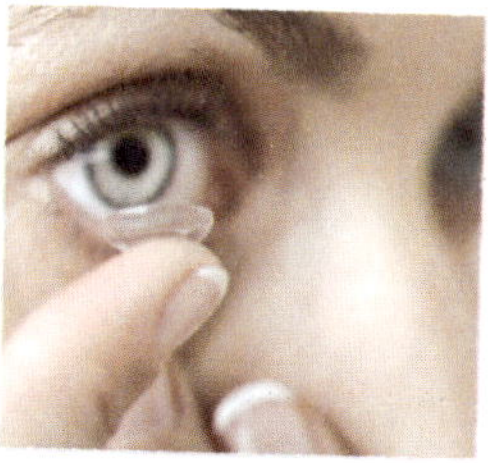

contact lenses
[konntakt lènnsiz]
les lentilles de contact

une fille à la peau claire
a pale-skinned girl

pale skin
[païl skinn]
la peau claire

Dark skin évoque plutôt une peau brune ou noire et *olive skin* un teint de type méditerranéen.

olive skin
[oliv skinn]
la peau mate

shy
[chaï]
timide

...happy, joyful...

cheerful
[tchirfoul]
joyeux

Once bitten twice shy.
Chat échaudé craint l'eau froide.

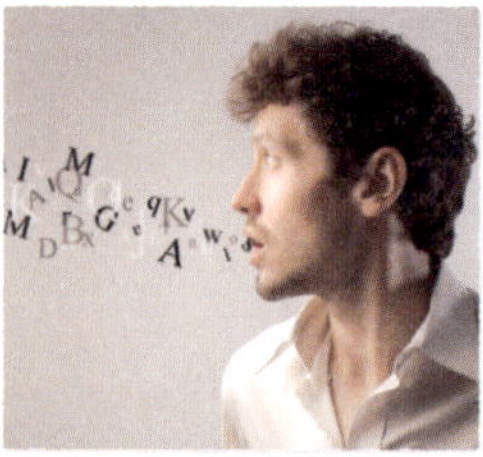

talkative
[tôkeutiv]
bavard

loucher
to squint

friendly
[frènndli]
sympa

clever
[klèveu]
fûté

On dit aussi brainy ou smart. Le contraire, c'est dim ou thick as a brick, littéralement « épais comme une brique » !

calm
[kâm]
calme

tidy
[taïdi]
ordonné

Deux synonymes : *organised* et *neat*.

messy
[mèssi]
désordonné

Quel bazar !
What a mess!

generous
[djèneureuss]
généreux

selfish
[sèlfich]
égoïste

être avare
to be mean,
to be tight-fisted

polite
[peulaït]
poli

rude
[roudd]
mal élevé

tirer la langue
to stick out one's tongue

Je me sens...

I'm happy.
[aïm Hapi]
Je suis heureux.

I'm sad.
[aïm sadd]
Je suis triste.

faire une tête de six pieds de long
to pull a long face, to have a face like a wet weekend

I'm furious.
[aïm fj**ou**rieuss]
Je suis furieux.

I'm angry.
[aïm **a**nngri]
Je suis en colère.

se mettre en colère
to get angry, to lose one's temper

I feel good.
[aï fil goudd]
Je suis bien.

I'm stressed.
[aïm strèsst]
Je suis stressé.

She's completely snowed under!
Elle est complètement débordée !

I'm tired.
[aïm taïeud]
Je suis fatigué.

très fatigué
exhausted,
worn out

I feel great.
[aï fil grèït]
J'ai la pêche.

On peut dire aussi to be full of beans, littéralement, « être plein de haricots » !

I'm ill.
[aïm ill]
Je suis malade.

se moucher
to blow one's nose

I feel fit.
[aï fil fitt]
Je suis en forme.

se ronger les ongles
to bite one's nails

I'm feeling calm.
[aïm filin kâm]
Je suis serein.

I haven't a care in the world.
Je n'ai pas le moindre souci.

I'm worried.
[aïm weuridd]
Je suis inquiet.

forehead
[fôrhèd]
le front

suer = to sweat

a green-eyed girl
une fille aux yeux verts

eyes
[aïz]
les yeux

Toujours au singulier, même si vous avez une tignasse ! Hairs, ce sont les poils...

hair
[Hèr]
les cheveux

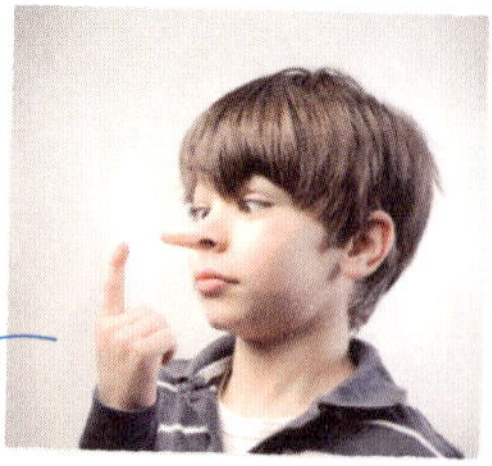

nose
[nowz]
le nez

mentir
to lie,
to tell a lie
un menteur
a liar

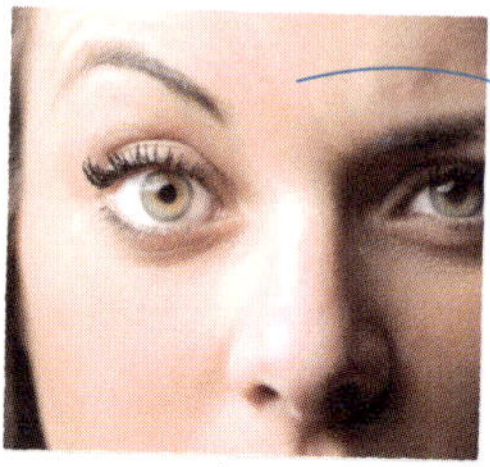

eyebrows
[aïbraoz]
les sourcils

hausser le sourcil
to raise one's eyebrow

mouth
[maoTH]
la bouche

lips
[lipss]
les lèvres

Dans les moments difficiles, on peut dire à quelqu'un *chin up!* « courage ! », ou « haut les cœurs ! ».

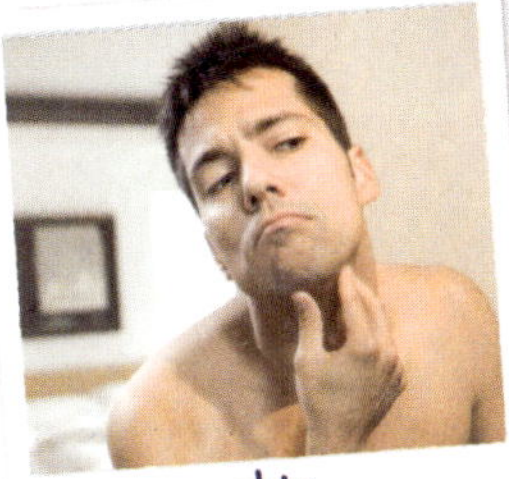

chin
[tchinn]
le menton

se boucher les oreilles *to block one's ears*

tongue
[teunng]
la langue

ears
[irz]
les oreilles

Attention au singulier, on dit *a tooth*.
By the skin of one's teeth (par la peau des dents) : c'est une drôle d'expression pour dire « de justesse ».

teeth
[tiTH]
les dents

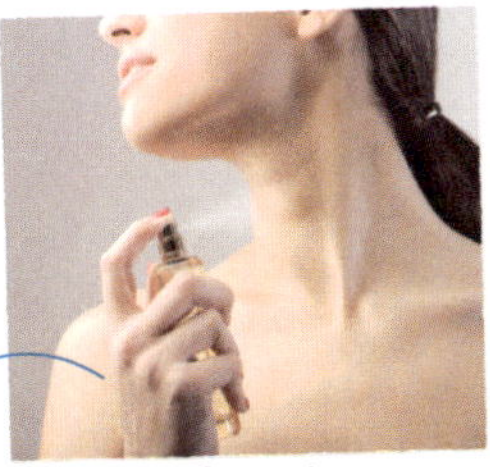

throat
[Throwt]
la gorge

se parfumer *to put perfume on*

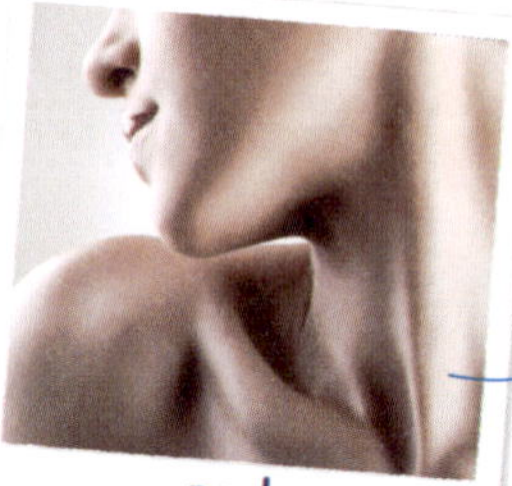

neck
[nèk]
le cou

to put one's neck on the line
prendre un risque

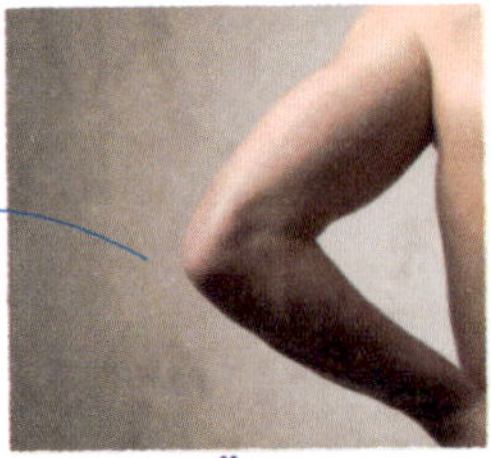

elbow
[èlbow]
le coude

jouer des coudes pour entrer quelque part
to elbow one's way into somewhere

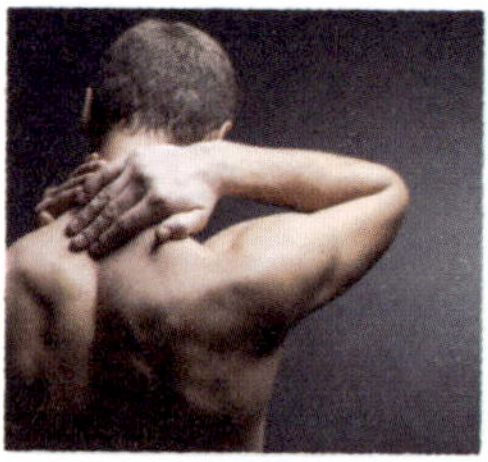

shoulder
[ch**ow**ldeu]
l'épaule

Au sens figuré, to shoulder something veut dire « assumer, endosser quelque chose ».

wrist
[ristt]
le poignet

arm
[ârm]
le bras

le bras de fer
arm wrestling

to give a hand
donner un coup de main

hand
[Hènnd]
la main

finger
[finngueu]
le doigt

Finger food, c'est de la nourriture qu'on peut manger avec les doigts : des petits-fours, des canapés...

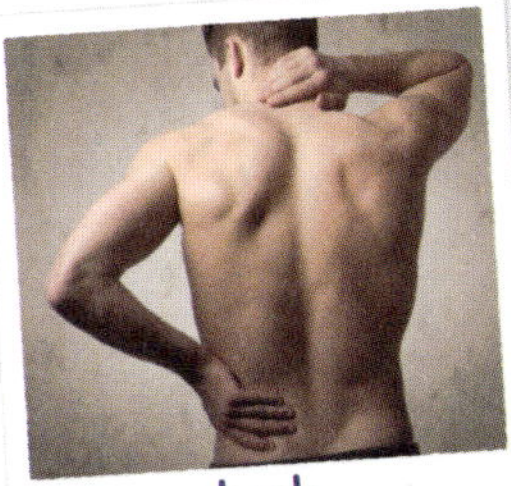

back
[bak]
le dos

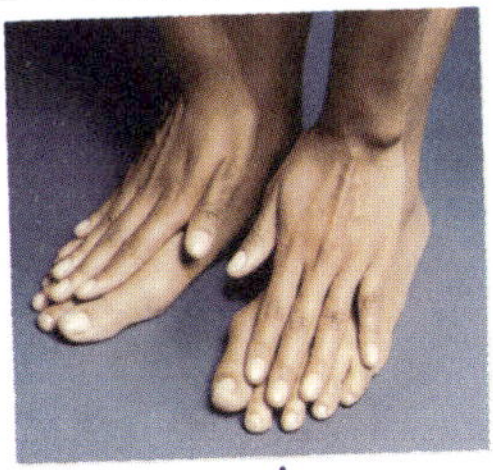

nail
[naïl]
l'ongle

être enceinte
to be pregnant

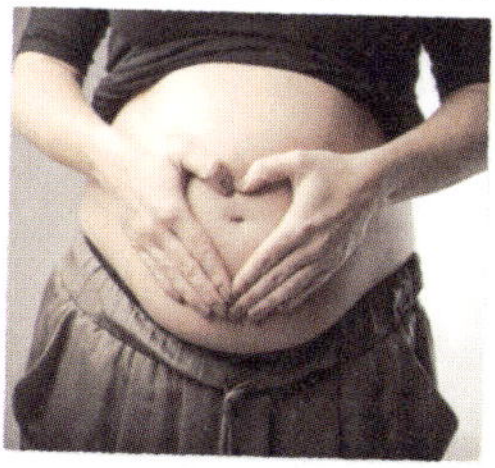

stomach
[stomeuk]
le ventre

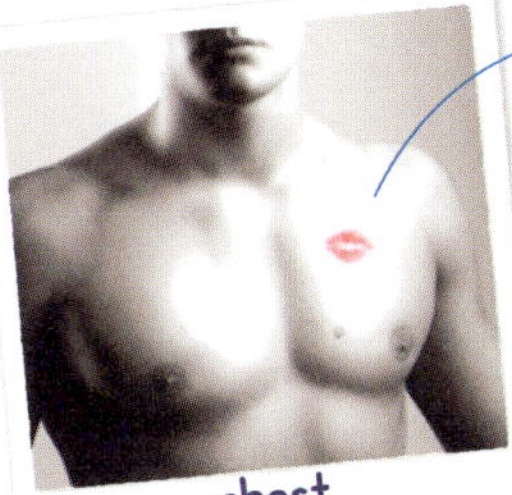

chest
[tchèst]
la poitrine

le rouge à lèvres
lipstick

être nu
to be naked, to be in the nude

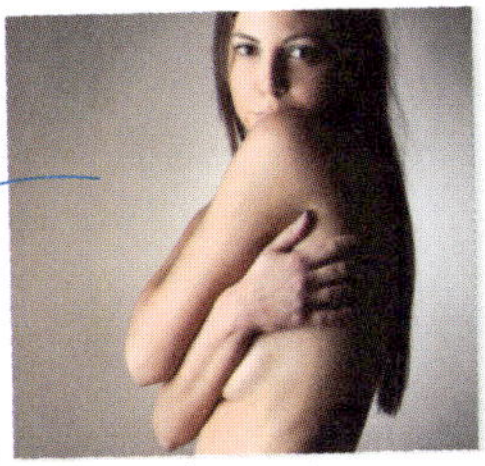

breasts
[brèsts]
les seins

leg
[lèg]
la jambe

Si quelqu'un vous tire la jambe, c'est qu'il vous raconte des histoires ! Stop pulling my leg = « Arrête de me faire marcher ».

toe
[tow]
l'orteil

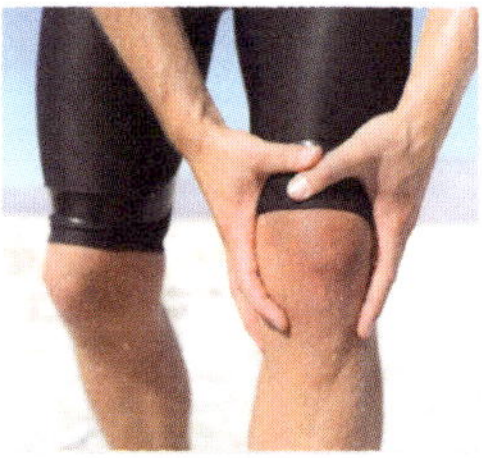

knee
[ni]
le genou

Attention ! On ne prononce pas le k !

Ici four feet !

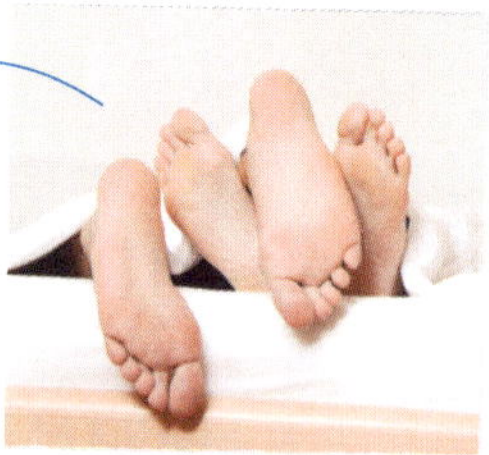

foot
[foutt]
le pied

ankle
[ènnkeul]
la cheville

se fouler la cheville
to sprain one's ankle

On dit aussi bum ou buttocks.

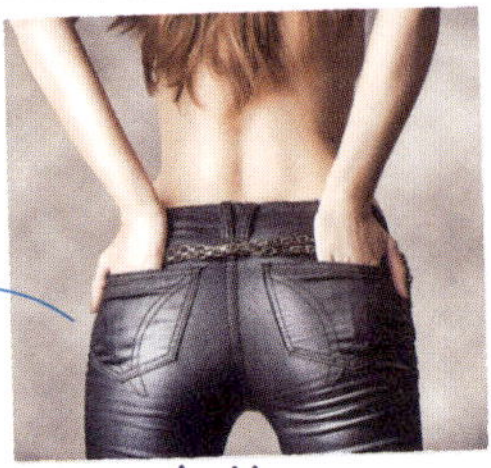

bottom
[botteum]
les fesses

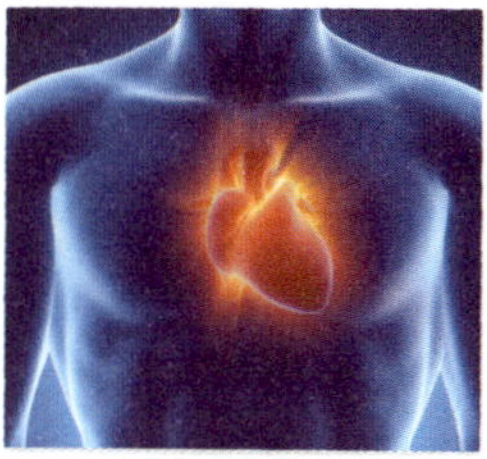

heart
[Hârtt]
le cœur

Cross my heart, hope to die!
Croix de bois, croix de fer...

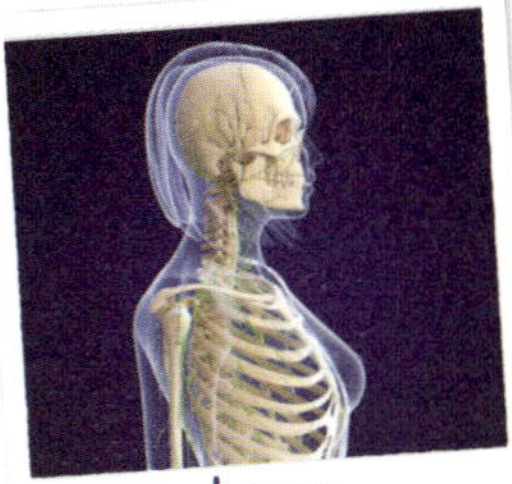

bones
[b**ow**nz]
les os

en chair et en os
in the flesh

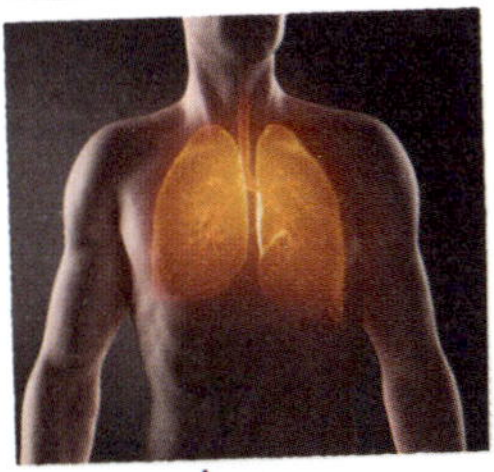

lungs
[leunngz]
les poumons

He is muscly!

muscles
[m**eu**sseulz]
les muscles

To sing at the top of one's lungs,
c'est chanter à tue-tête.

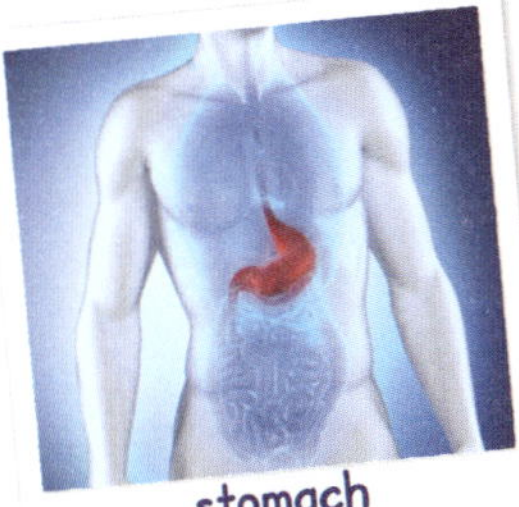

stomach
[st**o**meuk]
l'estomac

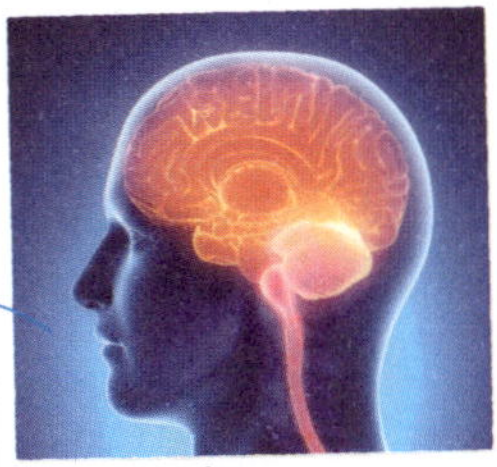

brain
[braïnn]
le cerveau

brainy
intelligent, futé

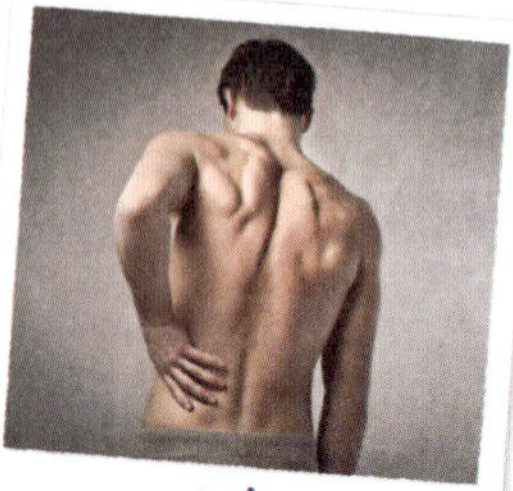

pain
[pèïnn]
la douleur

ça me donne la nausée
it makes me sick, it makes me nauseous

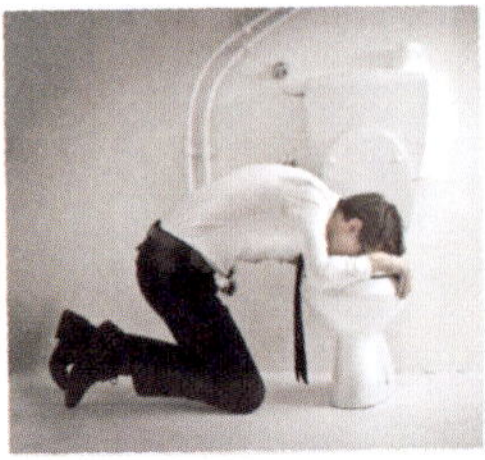

nausea
[nowzieu]
la nausée

no pain no gain
on n'a rien sans rien

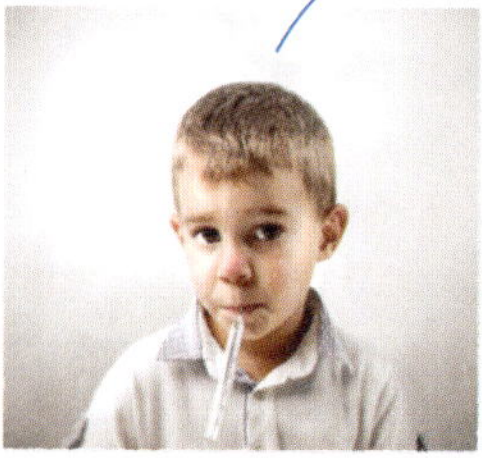

fever
[fiveu]
la fièvre

avoir de la fièvre
to have a fever, to run a temperature

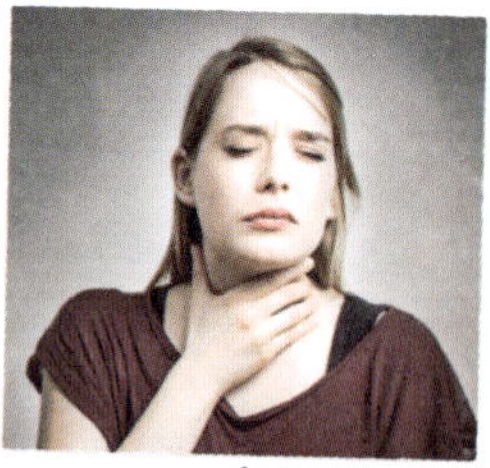

sore throat
[sôr Throwt]
le mal de gorge

Les Anglais n'ont pas un chat dans la gorge, mais une grenouille : she has a frog in her throat.

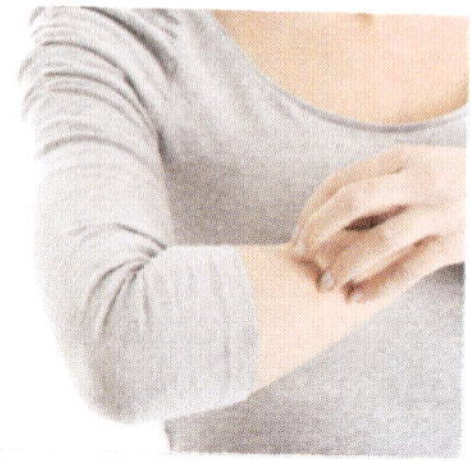

allergy
[aleudji]
l'allergie

headache
[hèdèïk]
le mal de tête

Aches and pains

burn
[beurn]
la brûlure

Attention !
Be careful!

Si quelqu'un vient d'éternuer (*to sneeze*), dis *Bless you!*

cough
[koff]
la toux

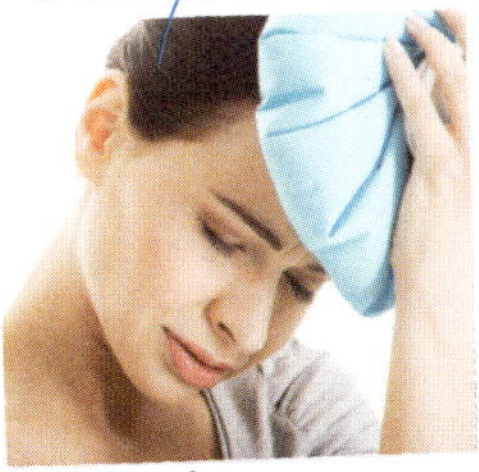

bump
[beump]
la bosse

to bump into = se cogner contre, mais aussi tomber sur, rencontrer par hasard...

Faites bien la différence :
I have a cold.
J'ai un rhume.
I am cold.
J'ai froid.

cold
[kôld]
le rhume

spot
[spott]
le bouton

Break a leg!, « Casse-toi la jambe ! » c'est ce qu'on dit à quelqu'un pour lui souhaiter bonne chance !

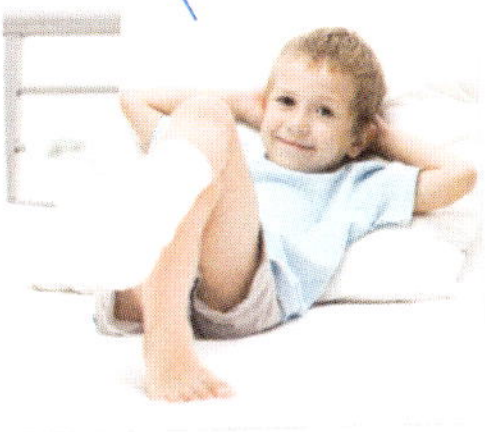

break
[brèïk]
la fracture

À la pharmacie

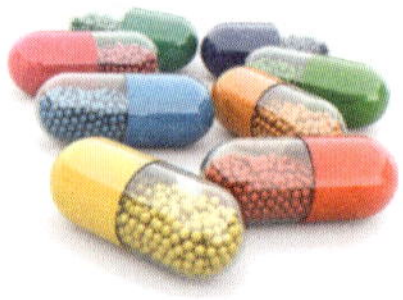

pill
[pil]
la pilule

Pour acheter certains médicaments, il faut une ordonnance : a prescription.

ointment
[oïnntmeunt]
la pommade

le vaccin contre la grippe
flu vaccine

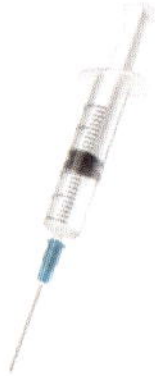

injection
[inndjekcheun]
la piqûre

un mot familier pour vaccine ou injection : a jab

vaccine
[vaksinn]
le vaccin

Pour protéger une égratignure (a scratch) ou une blessure (a wound, an injury).

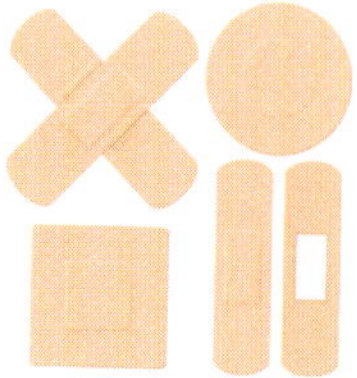

plaster
[plasteu]
le pansement

drops
[drops]
les gouttes

inhaler
[inhèïleu]
le spray

Aux États-Unis, on indique la température en degrés Fahrenheit. « Le thermomètre indique 38,3°C » se dira The thermometer is showing a temperature of 100.9°F.

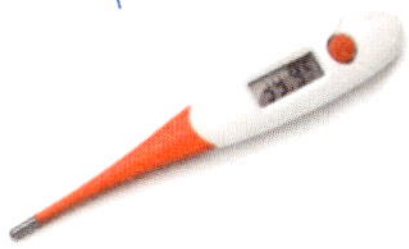

thermometer
[THeumomiteu]
le thermomètre

syrup
[sireup]
le sirop

la notice d'un médicament : medication label ou medication leaflet

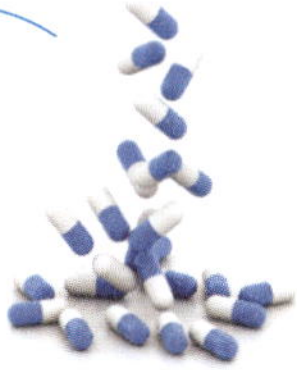

antibiotic
[anntibaïotik]
l'antibiotique

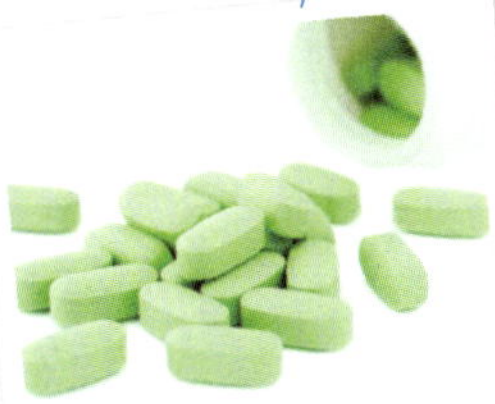

tablet
[tablit]
le comprimé

prendre un médicament to take medication

Attention, en anglais le mot drugs peut désigner non seulement les drogues, mais aussi les médicaments.

aspirin
[assprinn]
l'aspirine

pants
[pannts]
le slip

Attention pants aux États-Unis, c'est un pantalon. Le slip s'appelle underpants. Logique, non?

boxers
[bokseuz]
le caleçon

knickers
[nikeurz]
la culotte

On ne prononce pas le k au début !

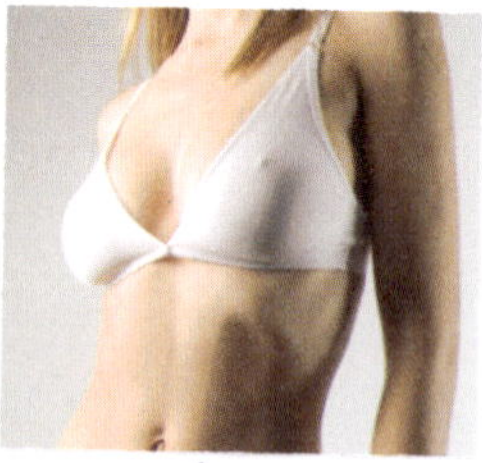

bra
[bra]
le soutien-gorge

s'habiller
to get dressed, to put one's clothes on

se déshabiller
to get undressed, to undress, to take one's clothes off

socks
[sokss]
les chaussettes

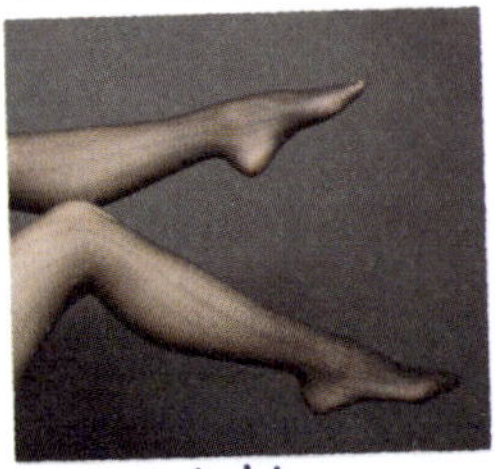

tights
[taïtss]
les collants

dress
[drèss]
la robe

To dress up signifie « bien s'habiller », mais aussi « se déguiser » (à Halloween, par exemple).

skirt
[skeurt]
la jupe

shirt
[cheurt]
la chemise

Se changer, c'est *to get changed* ou *to change into new clothes*.

jacket
[djakit]
la veste

pair of trousers
[pèr ov traozeuz]
le pantalon

se mettre sur son trente-et-un
to dress up,
to wear one's Sunday best,
to dress to kill

suit
[sout]
le costume

boots
[**bou**tss]
les bottes

sauter dans les flaques
to jump into puddles

oilskin
[**oi**lskinn]
le ciré

on dit aussi
waterproof coat

les bottes en caoutchouc = wellies (d'après le duc de Wellington)

raincoat
[**rèï**nkowt]
l'imperméable

hat
[Hatt]
le chapeau

Ça lui va bien.
It suits him.

jumper
[dj**eu**mpeu]
le pull

On dit aussi, tout simplement, pullover ou, aux États-Unis, sweater.

umbrella
[eumbr**è**leu]
le parapluie

un joli mot tout british : brolly

scarf
[skârf]
l'écharpe

Le pluriel est scarves.

coat
[kowt]
le manteau

avec un pompon, c'est a bobble hat

down jacket
[daonn djakett]
la doudoune

Ça s'écrit woolen en anglais américain.

woollen hat
[wouleunn Hatt]
le bonnet

un bol de soupe fumant
a steaming bowl of soup

mittens
[mitteunnz]
les moufles

rayé = striped
à pois = polka-dotted

gloves
[gleuvz]
les gants

Les vêtements d'été

T-shirt
[ti cheurtt]
le T-shirt

on dit aussi
sleeveless shirt

moulant
close-fitting,
tight

tank top
[tannk top]
le débardeur

jeans
[djinz]
le jean

Jeans et shorts sont des mots pluriels : my shorts are yellow

shorts
[chôrtss]
le short

mini skirt
[mini skeurt]
la mini jupe

C'est l'anglaise Mary Quant qui inventa la mini jupe, l'un des symboles des années 1960, les Swinging Sixties.

pareo
[parèïou]
le paréo

flip flops
[flip flopss]
les tongs

sandals
[sândeuls]
les sandales

porter des tongs
to wear
flip flops

sunglasses
[seunglassiz]
les lunettes de soleil

polo shirt
[powlow cheurt]
le polo

straw hat
[strô Hatt]
le chapeau de paille

porter des
lunettes de soleil
to wear
sunglasses

cap
[kap]
la casquette

Les vêtements décontractés

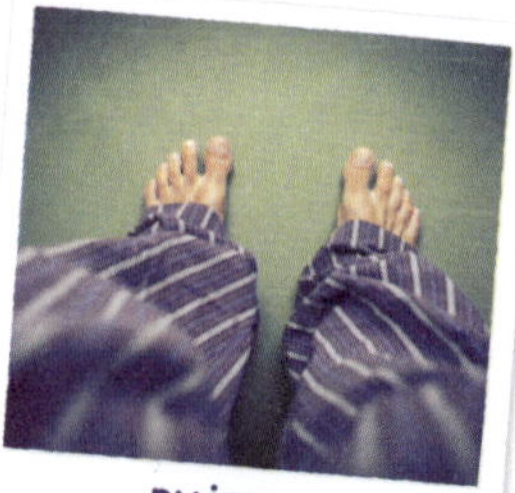

pyjamas
[pid**jâ**meuz]
le pyjama

on dit aussi nightie

nightdress
[**naït** drèss]
la chemise de nuit

Pyjamas s'emploie toujours au pluriel.

bathrobe
[**ba**THrowb]
le peignoir

Mais un chausson aux pommes n'est pas un apple slipper ! C'est un apple turnover!

slippers
[**sli**peuz]
les chaussons

On l'appelle aussi sweatsuit, surtout aux États-Unis.

tracksuit
[**trak**sout]
le survêtement

sneakers aux États-Unis

trainers
[**trèï**neuz]
les baskets

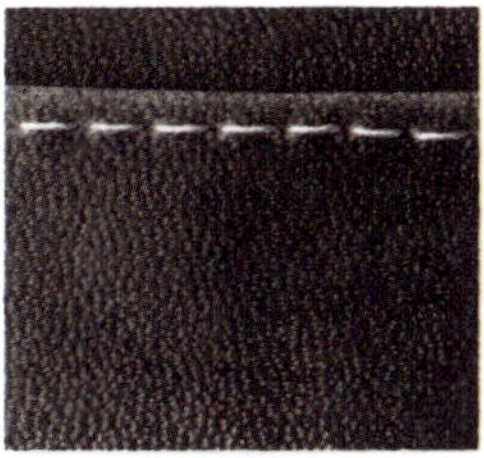

leather
[lèZeu]
le cuir

Et pour les amateurs du faux cuir, un mot à retenir : pleather !

cotton
[koteun]
le coton

tricoter
to knit

wool
[woul]
la laine

une robe en soie
a silk dress

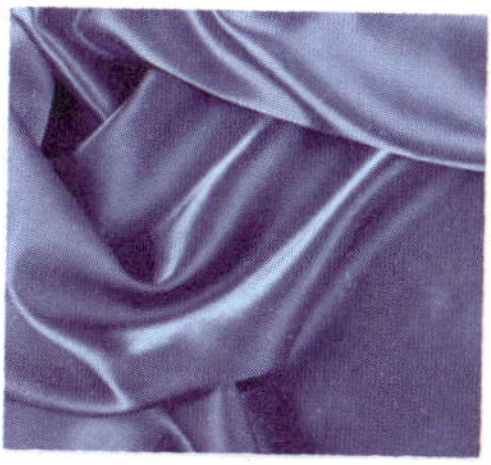

silk
[silk]
la soie

to pull the wool over someone's eyes
duper quelqu'un

velvet
[vèlvit]
le velours

une main de fer dans un gant de velours
a fist of iron in a velvet glove

linen
[lineunn]
le lin

Les accessoires

shoes
[ch**ou**z]
les chaussures

les chaussures à talons aiguille
stiletto heels

les chaussures à talons hauts
high heels

belt
[bèlt]
la ceinture

fermer sa ceinture
to buckle one's belt

handbag
[Hènndbag]
le sac à main

scarf
[skârf]
le foulard

Le pluriel est scarves.

un voleur
a thief
(thieves au pluriel)
voler
to steal

purse
[peurss]
le porte-monnaie

Aux États-Unis, purse, c'est le sac à main !

wallet
[w**ô**litt]
le portefeuille

collar
[koleu]
le col

Un ouvrier est un blue-collar worker, tandis qu'un employé de bureau est un white-collar worker.

tie
[taï]
la cravate

le nœud papillon
bow tie

sleeve
[sliv]
la manche

retrousser ses manches
to roll up one's sleeves

pocket
[pokit]
la poche

il ne vous reste plus de sous ?
you're out of pocket

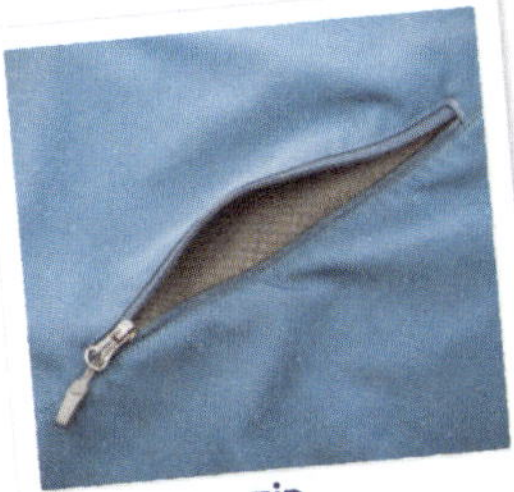

zip
[zip]
la fermeture éclair

« boutonner lundi avec mardi »
to button the wrong hole, to do one's buttons up the wrong way

button
[beuteunn]
le bouton

Les bijoux

necklace
[nèkleus]
le collier

Un collier très serré ? C'est un « étrangleur » : a choker !

un collier de perles
a pearl necklace

watch
[wotch]
la montre

bracelet
[breïcelet]
le bracelet

Les puces d'oreille, qui ne pendent pas, s'appellent studs.

On dit bangle pour parler des bracelets rigides qu'on associe aux pays asiatiques.

earrings
[irinngz]
les boucles d'oreilles

ring
[rinng]
la bague

une bague de fiançailles
an engagement ring

brooch
[browtch]
la broche

Aux USA, ça s'écrit jewelry.

gold
[gowld]
l'or

un bijoutier
a jeweller

la bijouterie
the jewellery shop,
the jeweller's

ruby
[roubi]
le rubis

silver
[silveu]
l'argent

une pierre précieuse
a gem,
a precious stone

L'Irlande est très verte ! C'est pourquoi on l'appelle The Emerald Isle (l'île d'émeraude).

sapphire
[safaïeu]
le saphir

diamond
[daïeumeunnd]
le diamant

un faux diamant
a fake diamond

emerald
[emeureuld]
l'émeraude

Les couleurs

white
[ouaïte]
blanc

The White House, la Maison Blanche, c'est la résidence du président américain à Washington.

black
[blak]
noir

un œil au beurre noir, c'est tout simplement a black eye

light blue
[laït blu]
bleu clair

to feel blue
avoir le cafard

dark blue
[dârk blu]
bleu foncé

yellow
[ièlow]
jaune

jaunâtre = yellowish ; on peut utiliser la même construction pour la plupart des autres couleurs : bluish, brownish, whitish...

orange
[orinndj]
orange

pink
[pinnk]
rose

rougir
to blush,
to go red
in the face

red
[rèd]
rouge

un pinceau
a brush

green
[grin]
vert

un rouleau
a roller

brown
[braonn]
marron

Aux États-Unis, on écrit color au lieu de colour.

purple
[peurpeul]
violet

On l'écrit gray aux États-Unis.

grey
[grèï]
gris

that's my camera!
c'est mon appareil !

photography
[feut**o**greufi]
la photographie

Attention, une photo se dit a photograph et un photographe a photographer.

theatre
[**THi**èteu]
le théâtre

dance
[dannse]
la danse

Un cuisinier se dit en anglais a cook.
À ne pas confondre avec a cooker, une cuisinière électrique ou à gaz !

cooking
[**kou**kinng]
la cuisine

playing music
[pl**èï**yinng mi**ou**zik]
faire de la musique

Je suis ravi d'entendre cela.
It's music to my ears.

listening to music
[**li**seuninng tou mi**ou**zik]
écouter de la musique

DIY
[di aï ouaï]
le bricolage

Littéralement : Do It Yourself, fais-le toi-même.

painting
[pèïntinng]
la peinture

To paint the town red (peindre la ville en rouge), c'est la façon imagée dont les Anglais parlent de faire la java.

reading
[ridinng]
la lecture

lire dans les pensées
to read minds

gardening
[gârdninng]
le jardinage

drawing
[drôinng]
le dessin

A hardcore gamer, c'est un joueur invétéré. Un joueur occasionnel se dit a casual gamer.

video games
[vidiow gèïmz]
les jeux vidéo

doll
[dol]
la poupée

Ainsi appelé en référence au président américain Theodore Roosevelt, amateur de chasse à l'ours et surnommé Teddy...

(teddy) bear
[(tèdi) bèeu]
l'ours en peluche

But ! = Goal! Attention aux faux amis : le goal s'appelle goalkeeper.

ball
[bôl]
le ballon

jouer aux billes
to play marbles

perdre la boule
to lose one's marbles

marbles
[mârbeulz]
les billes

cards
[kârdz]
les cartes

distribuer les cartes
to deal the cards

un dé
a die

dice
[daïss]
les dés

kite
[kaït]
le cerf-volant

jouer au cerf-volant
to fly a kite

Plasticine
[plasteusinn]
la pâte à modeler

faire du patin à roulettes
to roller skate

roller skate
[rowleu skèït]
le patin à roulettes

scooter
[skouteu]
la trottinette

les jeux de société
board games

chess
[tchèss]
les échecs

jouer aux dames
to play draughts

draughts
[drâftss]
les dames

Les sports

football
[**fou**tbôl]
le football

Le foot s'appelle soccer aux États-Unis. Football y est réservé au football américain (American football), qui se situe entre le foot et le rugby.

basketball
[**bas**kitbôl]
le basket

volleyball
[**vo**libôl]
le volley

faire du sport
to do sport, to play sport

baseball
[**bèï**zbôl]
le baseball

jouer au tennis
to play tennis
un joueur de tennis
a tennis player

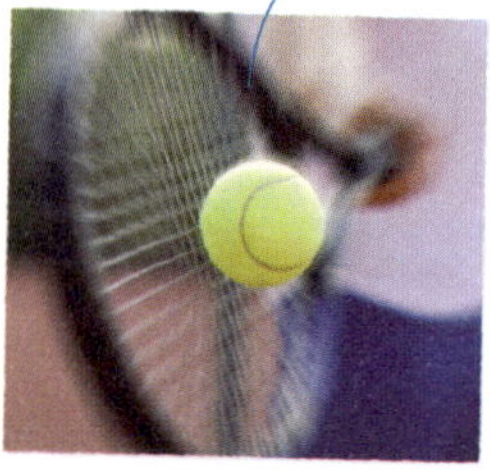

tennis
[**tè**niss]
le tennis

On l'appelle aussi table tennis.

ping pong
[pinng ponng]
le ping-pong

judo
[d**jou**dow]
le judo

Vous savez faire le grand écart ?
to do the splits

faire du judo
to do judo

yoga
[**iow**gueu]
le yoga

faire du jogging, du footing = to go jogging. Footing en anglais, veut dire « prise de pied », « fondement ». Notre mot « footing » est donc une invention française !

running
[**reu**ninng]
la course

jogging
[dj**o**ginng]
le jogging

faire de l'équitation
to go horse riding

horse riding
[Hôrss r**aï**dinng]
l'équitation

ice skating
[aïss sk**èï**tinng]
le patinage

faire du patin à glace
to do ice skating

La piscine

to swim
[tou souim]
nager

aller se baigner
to go for a swim
prendre un bain de soleil
to sunbathe

swimming pool
[souiminng poul]
la piscine

swimming costume
[souiminng kostioum]
le maillot de bain (femme)

plonger dans la piscine
to dive into the swimming pool

swimming trunks
[souiminng treunks]
le maillot de bain (homme)

flippers
[flipeuz]
les palmes

Flipper, c'est aussi la grande nageoire des dauphins. En revanche, le jeu de flipper s'appelle en anglais *pinball (machine)*.

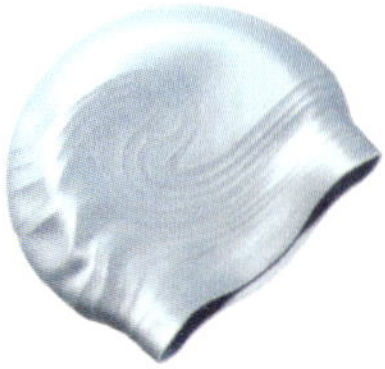

swimming cap
[souiminng kap]
le bonnet de bain

The swimming pool

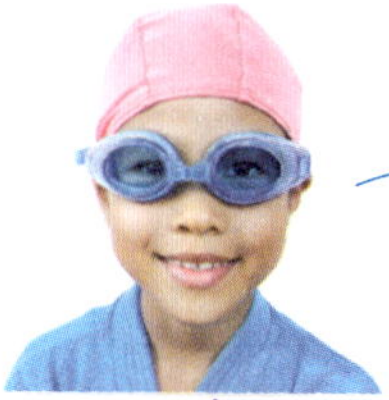

goggles
[g**o**guelz]
les lunettes

mask
[mâsk]
le masque

To goggle at something, c'est « regarder quelque chose avec des yeux ronds » et *goggle-box*, c'est l'un des surnoms de la télévision !

breaststroke
[br**è**ststrowk]
la brasse

front crawl
[freunnt krôl]
le crawl

Vous connaissez l'expression *to go on a pub crawl*, « faire la tournée des bars » ?

backstroke
[bakstrowk]
le dos

butterfly stroke
[b**eu**teuflaï strowk]
le papillon

orchestra
[ôrkistreu]
l'orchestre

le chef d'orchestre
conductor
À ne pas confondre avec le conducteur, qui se dit *driver*.

microphone
[maïkrefown]
le micro

score
[skôr]
la partition

avoir l'oreille musicale
to have an ear for music

note
[nowt]
la note

piano
[piânow]
le piano

jouer du piano
to play the piano

guitar
[guitâr]
la guitare

trumpet
[treumpit]
la trompette

Souffler dans sa trompette : to blow one's own trumpet, c'est chanter ses propres louanges, se vanter.

flute
[flout]
la flûte

un instrument à vent = a wind instrument

djembe drum
[jèmbeu dreum]
le djembé

Une batterie se traduit toujours par drums au pluriel.

drums
[dreums]
la batterie

les instruments à corde = strings

violin
[vaïeulinn]
le violon

cello
[tchèlow]
le violoncelle

Les vacances à la mer

tourist
[**tou**rist]
le touriste

suitcase
[**sout**kèïss]
la valise

faire du stop
to hitch-hike

check-in desk
[tch**è**kinn dèsk]
le comptoir d'enregistrement

passport
[**pass**pôrt]
le passeport

C'est là qu'il faut enregistrer les bagages : *to check in the luggage*.

Attention, *luggage* s'emploie au singulier : *Where is my luggage?* Où sont mes bagages ? Pour dire « un bagage » : *a piece of luggage* ou *a suitcase*.

ticket
[**ti**kètt]
le billet

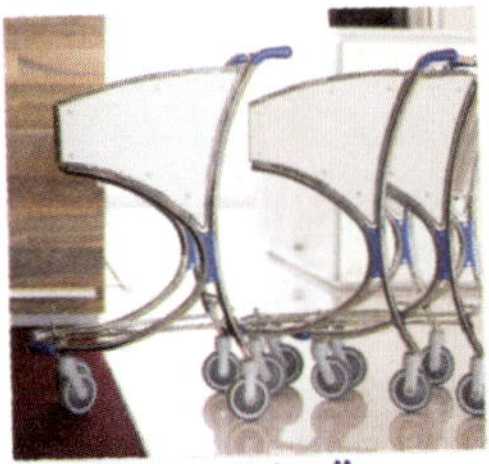

luggage trolley
[**leu**gidj trolli]
le chariot à bagages

beach
[b**ii**tch]
la plage

Danger gros mot ! Pour éviter tout quiproquo, prononcez beach avec un iiii plutôt long, surtout si vous discutez avec une fille susceptible...

parasol
[p**a**reussôl]
le parasol

Fan, c'est aussi un éventail.

fan
[fann]
le ventilateur

mettre de la crème solaire
to put on suncream

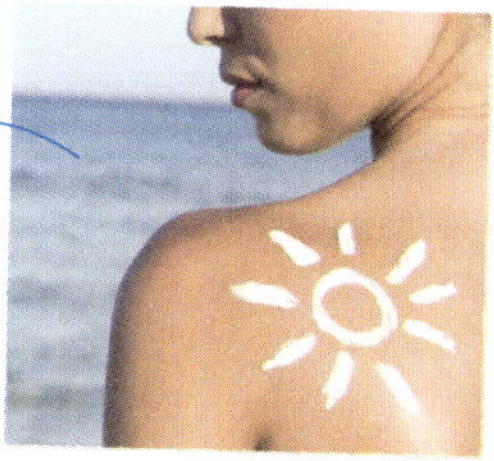

suncream
[**seun** krim]
la crème solaire

attraper un coup de soleil
to get sunburnt

deckchair
[d**è**ktchèr]
la chaise longue

C'était à l'origine une chaise qu'on utilisait surtout sur le pont (the deck) d'un navire de croisière.

beach towel
[bitch **ta**weul]
la serviette de plage

Les vacances à la montagne

mountain
[m**a**onnteun]
la montagne

skier
to ski,
to go skiing

forest
[f**o**rist]
la forêt

skiing
[sk**i**inng]
le ski

Attention aux faux amis: la luge se dit aussi toboggan, mais un toboggan, c'est a slide, qui vient de « glisser », to slide.

sledge
[slèdj]
la luge

ski lift
[sk**i**lift]
le remonte-pentes

lift
l'ascenseur

cable car
[k**èï**beul kar]
le téléphérique

ski trail
[ski trèïl]
la piste

On dit aussi *ski-run* ou tout simplement *piste*, comme en français.

chalet
[chalèï]
le chalet

snowboard
[snowbôrd]
le snowboard

faire du snowboard
to go snowboarding

skating rink
[skèïtinng rinnk]
la patinoire

On l'appelle aussi *ice rink*.

hiking boots
[Haïkinng bouts]
les chaussures de marche

faire une randonnée
to hike, to go hiking

rock climbing
[rok klaïminng]
l'escalade

On dit aussi *mountaineering*.

Buckingham Palace

Petit pied-à-terre de la famille royale à Londres. Si le drapeau flotte au-dessus du Palais, la reine est à la maison !

The London Eye

C'est l'œil de Londres... la grande roue qui permet de voir jusqu'à 40 km à la ronde. Au premier plan, la Tamise, The Thames.

The City

Le plus ancien quartier de Londres, aujourd'hui cœur financier de la capitale. On y admire des gratte-ciel remarquables, comme The Gherkin (Le Cornichon).

Tower Bridge

C'est la star des cartes postales... À Londres, il y a 13 ponts. N'oubliez pas de visiter le Millenium Bridge, beaucoup plus moderne...

The shard

Cet « éclat » gigantesque, inauguré en 2012, offre l'une des plus belles vues sur la capitale. Au premier plan, The Tower of London, où l'on peut admirer les joyaux de la couronne.

Westminster

C'est le parlement britannique. Sur la droite, Big Ben. C'est le nom de la cloche, pas de l'horloge !

The British Museum

C'est le Louvre londonien. Parmi ses trésors, la pierre de Rosette, qui a permis à Champollion de déchiffrer les hiéroglyphes.

The East End

Envie d'un curry indien ? Rendez-vous dans les quartiers de l'est de Londres. Brick Lane est le nom d'une rue à ne pas manquer. On peut y trouver un bon bagel 24h sur 24h et de nombreux magasins vintage !

Stonehenge

Ce célèbre monument mégalithique fascine par sa beauté et son mystère : ces gigantesques pierres abritaient-elles un observatoire astronomique, un temple, un calendrier... ?

Windsor Castle

L'une des résidences officielles de la famille royale. À voir : les donjons, les appartements royaux, la chapelle Saint-George et la maison de poupées de la reine Mary, l'épouse de George V !

Stratford-upon-Avon

La ville de naissance de Shakespeare. On peut y voir son cottage et sa tombe et y assister à une représentation de la Royal Shakespeare Company.

Hadrian's Wall

Un mur de près de 120 km de long et de 4,5 m de haut construit par l'empereur romain Hadrien pour protéger l'Angleterre des invasions écossaises. Il aura fallu 6 ans pour le construire !

Loch Ness

Pour ceux qui aiment les paysages brumeux, les mythes celtiques et le bon whisky, et pour avoir la chance d'apercevoir Nessie, le célèbre monstre du lac.

Giant's Causeway

La chaussée des Géants. Selon la légende, ces 40 000 colonnes en basalte ont été construites par un géant irlandais qui voulait en découdre avec son « voisin » écossais.

Roman baths, Bath

Bath, la bien nommée, est célèbre pour ses somptueux thermes romains. Toute la ville est inscrite au patrimoine mondial de l'UNESCO.

The White Cliffs of Dover

Les belles falaises de craie blanche de Douvres sont le premier signe distinctif de l'Angleterre quand on arrive depuis la mer.

La météo

moon
[m**ou**n]
la lune

To be over the moon, c'est être sur un petit nuage...

cloud
[kl**a**od]
le nuage

Every cloud has a silver lining, chaque nuage a son liseré d'argent, c'est la jolie façon qu'ont les Anglais de dire qu'après la pluie vient le beau temps.

rain
[r**è**ïnn]
la pluie

wind
[ouinnd]
le vent

Tout le monde connaît l'expression : it's raining cats and dogs (il pleut des chiens et des chats). Mais on peut dire aussi it's pouring down quand il pleut des trombes d'eau.

thunderstorm
[Th**eu**ndeustôrm]
l'orage

un éclair
a flash of lightning
a bolt of lightning

lightning
[l**aï**tninng]
la foudre

fog
[fog]
le brouillard

On appelle le nuage de pollution qui s'étend sur les grandes villes *smog*, un mélange de *smoke* (fumée) et de *fog* (brouillard).

snow
[snow]
la neige

faire un bonhomme de neige
to make a snowman

les flocons de neige
snowflakes

storm
[stôrm]
la tempête

hurricane
[**Heu**rikeun]
l'ouragan

Une tempête dans un verre d'eau ? Non ! En Angleterre, évidemment, la tempête se déchaîne dans une tasse à thé : *a storm in a teacup* !

sun
[seun]
le soleil

Il fait beau ? *It's a beautiful day* !

rainbow
[rèïnnbow]
l'arc-en-ciel

La nature

sunrise
[**seu**nraïz]
le lever de soleil

le crépuscule
twilight

sunset
[**seu**nssèt]
le coucher de soleil

walk
[wôk]
la balade

faire une balade
to go for a walk, to take a stroll

nap
[napp]
la sieste

faire une sieste
to take a nap

excursion
[èks**keur**cheun]
l'excursion

Plus familièrement, on dit aussi a trip. Une excursion d'une journée, c'est a day trip.

hike
[Haïk]
la randonnée

landscape
[lanndskèïp]
le paysage

cascade
waterfall

Le paysage urbain se dit townscape ou cityscape.

valley
[vali]
la vallée

plain
[plèïn]
la plaine

hill
[Hil]
la colline

Capitol Hill, c'est le quartier de Washington où siège le Congrès américain et, par extension, le Congrès lui-meme.

river
[riveu]
le fleuve

On dit riverbank pour parler d'une berge, d'une rive. À Paris, ce sera the Left Bank et the Right Bank.

lake
[lèïk]
le lac

bouquet
[boukèï]
le bouquet

On dit aussi bunch, nosegay ou posy.

rose
[rowz]
la rose

Ce n'est pas une partie de plaisir. It's no bed of roses.

stem
[stèm]
la tige

C'est une fleur de pissenlit : dandelion.

tulip
[tioulip]
la tulipe

petal
[pèteul]
le pétale

La jonquille est l'un des emblèmes du pays de Galles, et les Gallois la portent le 1er mars, pour célébrer la Saint David (leur saint patron).

daffodil
[dafeudil]
la jonquille

daisy
[dèïzi]
la marguerite

to be pushing up the daisies manger les pissenlits par la racine

lavender
[laveundeu]
la lavande

lily of the valley
[lili ov Zeu vali]
le muguet

Tout seul, lily, c'est le lys. Et, si l'on essaie d'améliorer quelque chose qui est déja parfait, on dit to gild the lily (dorer le lys) : c'est du peaufinage...

hyacinth
[HaïeusinTH]
la jacinthe

carnation
[kârnèïcheun]
l'œillet

Comme en français, lilac se réfère aussi à la couleur lilas.

lilac
[laïleuk]
le lilas

Les arbres

trunk
[treunnk]
le tronc

Trunk, c'est aussi la trompe de l'éléphant ou la malle.

leaf
[lif]
la feuille

au pluriel : leaves

branch
[brantch]
la branche

oak
[owk]
le chêne

Son fruit s'appelle acorn.

root
[rout]
la racine

To be rooted in something, c'est être enraciné, ancré dans quelque chose, au sens propre comme au figuré.

beech
[bitch]
le hêtre

fir tree
[feu tri]
le sapin

À Noël,
il devient a
Christmas tree.

pine
[païnn]
le pin

Ses aiguilles
s'appellent
needles et une
pomme de pin,
c'est a pine
cone.

birch
[beurtch]
le bouleau

poplar
[popleu]
le peuplier

planter
un arbre
to plant a tree,
abattre un arbre
to fell a tree
to cut down a
tree

cedar
[sideu]
le cèdre

money doesn't
grow on trees
l'argent ne tombe
pas du ciel

willow
[ouilow]
le saule

roof
[r**ou**f]
le toit

To hit the roof, c'est piquer une crise, sortir de ses gonds.

chimney
[tch**i**mni]
la cheminée

Attention, *chimney*, c'est le conduit qui permet à la fumée de sortir. S'asseoir autour de la cheminée se dit *to sit by the fireplace*.

window
[ou**i**nndow]
la fenêtre

shutters
[ch**eu**teurz]
les volets

le carreau de la fenêtre
the window pane

door
[dôr]
la porte

key
[ki]
la clé

fermer à clé
to ***lock*** *the door*

attic
[atik]
le grenier

À propos, « effrayant » se dit frightening, scary, spooky.

cellar
[sèleu]
la cave

wall
[wôll]
le mur

À la télé, ou au cinéma, un documentaire qui raconte la vie quotidienne des gens sans intervention ni interview directe, c'est un fly-on-the-wall documentary. On voit la vie des autres, comme la verrait une mouche posée sur un mur…

ceiling
[silinng]
le plafond

tiles
[taïlz]
le carrelage

excentrique
off-the-wall

floor
[flôr]
le plancher

ground floor
[graonnd flôr]
le rez-de-chaussée

Les Américains ne commencent à compter qu'à partir du first floor… Leur second floor est donc le premier étage des Anglais !

floor
[flôr]
l'étage

stairs
[stèrz]
l'escalier

Stair au singulier, c'est la marche.

lift
[lift]
l'ascenseur

On dit elevator aux États-Unis.

corridor
[koridôr]
le couloir

La volée de marches entre deux paliers s'appelle flight of stairs.

landing
[landinng]
le palier

balcony
[balkeuni]
le balcon

apartment aux États-Unis

terrace
[tèras]
la terrasse

allumer le radiateur
to turn the radiator on

heating
[Hitinng]
le chauffage

air conditioning
[èrkeundichninng]
la clim

On n'est jamais aussi bien que chez soi, ce n'est pas un Anglais qui dira le contraire : an Englishman's home is his castle.

facade
[feusâd]
la façade

a room on the courtyard
une chambre qui donne sur la cour

courtyard
[kôrtyârd]
la cour

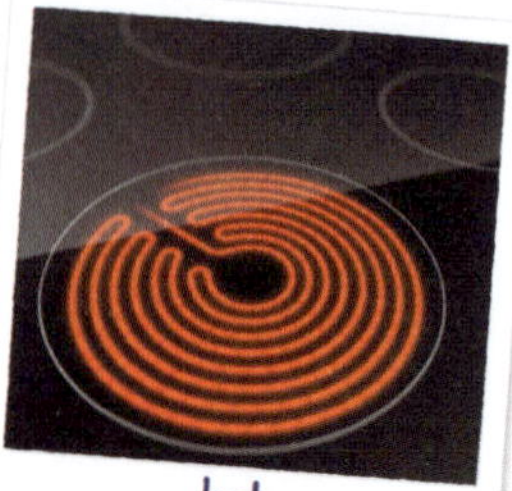

hob
[Hob]
la plaque électrique

On dit aussi *hot plate*.

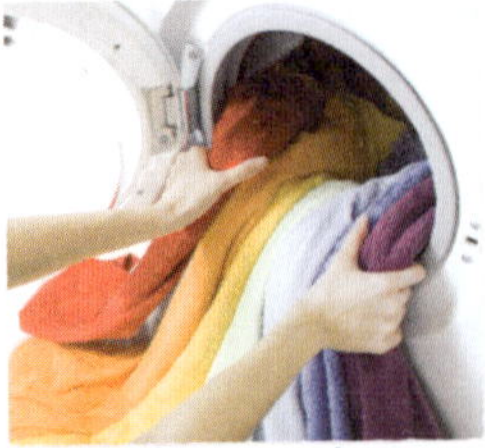

washing machine
[wochinng meuchinn]
le lave-linge

et pour sécher le linge on utilise le *tumble dryer*

gas ring
[gass rinng]
le gaz

On dit aussi *a gas burner*.

dishwasher
[dichwocheu]
le lave-vaisselle

oven
[oveunn]
le four

« Avoir une brioche dans le four » *to have a bun in the oven*. C'est l'équivalent de « avoir un polichinelle dans le tiroir » !

toaster
[towsteu]
le grille-pain

sink
[sinnk]
l'évier

tap
[tap]
le robinet

L'eau du robinet s'appelle *tap water*.

fridge
[fridj]
le réfrigérateur

et les congelés dans le *freezer*

vacuum cleaner
[v**a**kyoum kl**i**neu]
l'aspirateur

On dit aussi *hoover* en Angleterre.

dustbin
[**deu**stbinn]
la poubelle

On appelle les ordures *rubbish* en anglais britannique et *garbage* ou *trash* en anglais américain.

broom
[broum]
le balai

les sorcières enfourchent leurs *broomsticks*

plate
[plèït]
l'assiette

I have a lot on my plate.
J'ai beaucoup de choses à faire.

glass
[glâss]
le verre

fork
[fôrk]
la fourchette

cutlery
les couverts

Une cuillérée se dit *a spoonful*.

spoon
[spoun]
la cuillère

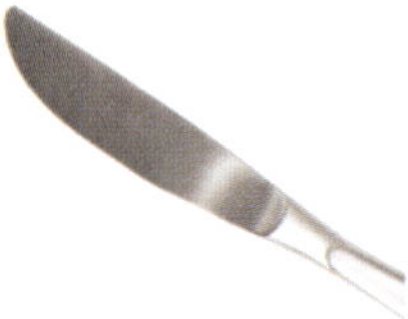

knife
[naïf]
le couteau

Encore du thé, toujours du thé...

teaspoon
[tispounn]
la petite cuillère

Kitchen utensils

mug
[meug]
la tasse

il y a le mot cup aussi, mais c'est plus petit...

bowl
[bowl]
le bol

Jumping out of the frying pan into the fire « tomber de Charybde en Scylla ».

frying pan
[fraïinng pann]
la poêle

saucepan
[sôspann]
la casserole

kettle
[kètl]
la bouilloire

It's a different kettle of fish, c'est une drôle d'expression pour dire que c'est une autre paire de manches !

food processor
[foud prossèsseu]
le robot

Les ustensiles

tea towel
[ti taweul]
le torchon

essuyer
to dry,
to wipe

napkin
[napkinn]
la serviette

washing-up liquid
[wochinng eup likouid]
le liquide vaisselle

Quelques expressions pour dire « faire la vaisselle » : to do the washing-up, to wash up, to do the dishes.

washing powder
[wochinng paodeu]
la lessive

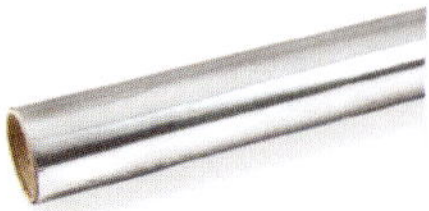

tin foil
[tinn foïl]
le papier alu

tin veut dire « étain », mais le papier est en aluminium...

chopping board
[tchopinng bôrd]
la planche à découper

floorcloth
[flô kloTH]
la serpillière

On dit aussi *mop* et *to mop up* pour « passer la serpillère ».

sponge
[speunndj]
l'éponge

Aux États-Unis, on l'appelle *can-opener*.

tin-opener
[tinn **ow**pneu]
l'ouvre-boîtes

corkscrew
[k**ô**rkskrou]
le tire-bouchons

Cork, c'est le liège et, par extension, le bouchon en liège.

scales
[skèïlz]
la balance

peser = *to weigh* (se prononce « wei »)

kitchen roll
[kitcheun rowl]
l'essuie-tout

La salle de bains

shower
[ch**a**weu]
la douche

prendre
une douche
to have a shower,
to take a shower

washbasin
[w**o**chbèïsinn]
le lavabo

toothbrush
[**tou**THbreuch]
la brosse à dents

dental floss
le fil dentaire

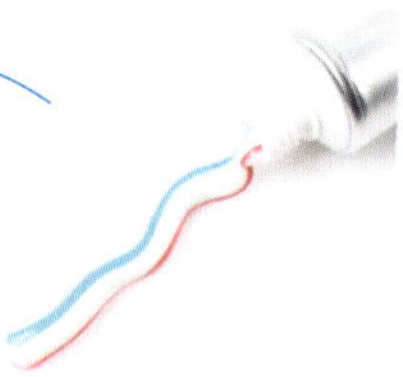

toothpaste
[**tou**THpèïst]
le dentifrice

un savon
a bar of soap

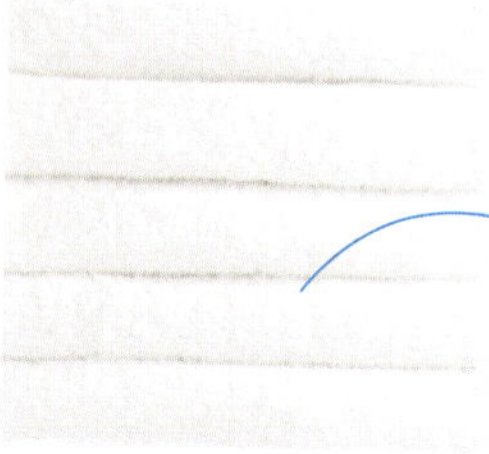

towel
[t**a**weul]
la serviette

Quand on renonce à quelque chose, on ne jette pas l'éponge, mais la serviette : *throw in the towel*

soap
[sowp]
le savon

The bathroom

hairbrush
[H**è**rbreuch]
la brosse

se brosser les cheveux
to brush one's hair

se peigner
to comb one's hair

se raser
to shave

comb
[kowm]
le peigne

razor
[r**èï**zeu]
le rasoir

une personne très intelligente est *razor-sharp* (tranchante comme un rasoir...)

hairdryer
[Hèr dr**a**yeu]
le sèche-cheveux

toilet
[t**oï**leut]
le W.-C.

Aller au petit coin se dit *to go to the loo* en Angleterre et, de manière plus prude, *to go to the bathroom* aux États-Unis.

toilet roll
[t**oï**leut rowl]
le papier toilette

bed
[bèd]
le lit

Danger gros mot ! À prononcer avec un iiii plutôt long !

sheet
[chiit]
le drap

On l'appelle aussi quilt.

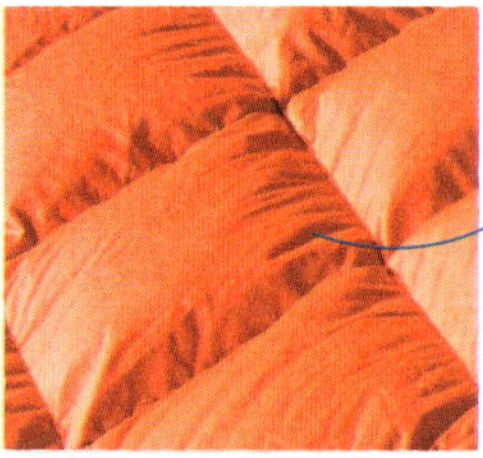

duvet
[douvèï]
la couette

A blanket of snow, c'est le nom poétique que les Anglais donnent à une couche de neige.

blanket
[blannkèt]
la couverture

pillow
[pilow]
l'oreiller

la taie d'oreiller
pillow case

mattress
[matreuss]
le matelas

chest of drawers
[tchèst ov drôrz]
la commode

le tiroir
drawer

wardrobe
[wôrdrowb]
l'armoire

l'abat-jour
lampshade

lamp
[lammp]
la lampe

mettre le réveil
to set the alarm (clock)

alarm clock
[eulârm klok]
le réveil

Sur le même modèle, le livre de chevet se dit bedside book.

bedside table
[bèdsaïd tèïbeul]
la table de nuit

un courant d'air
a draught
(se prononce « draft »)

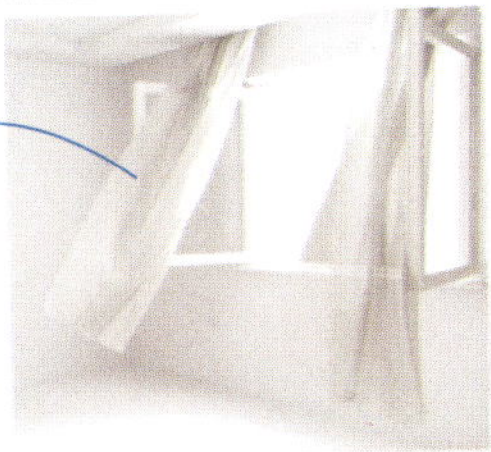

curtain
[keurteunn]
le rideau

sofa
[sowfeu]
le canapé

Un canapé-lit, c'est tout simplement a sofa bed.

armchair
[ârmtchèr]
le fauteuil

Une chaise sur laquelle on peut poser les bras (arms) !

coffee table
[kofi tèïbeul]
la table basse

Un coffee-table book est un beau livre.

cushion
[koucheun]
le coussin

carpet
[kârpeutt]
le tapis

Un petit tapis s'appelle a rug.

fireplace
[faïeuplèïs]
la cheminée

Sa tablette (mantlepiece) est envahie de cartes de vœux à Noël...

The living room and the dining room

table
[tèïbeul]
la table

s'asseoir
to sit down

être assis
to be sitting, to be seated

chair
[tchèr]
la chaise

shelf
[chelf]
l'étagère

Attention, le pluriel est irrégulier : *two shelves*.

painting
[pèïntinng]
le tableau

… ou *picture*, qui est aussi « une photo »

wooden floor
[wouden flôr]
le parquet

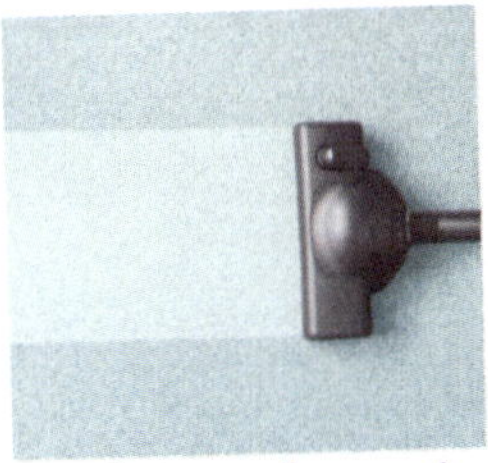

wall-to-wall carpet
[wôltouwôl kârpeutt]
la moquette

Le bureau

desk
[dèsk]
le bureau

le quotidien
daily newspaper

newspaper
[niouzpèïpeu]
le journal

l'agrafe
staple

stapler
[stèïpleu]
l'agrafeuse

Scissors s'emploie toujours au pluriel.

scissors
[sizeuz]
les ciseaux

book
[bouk]
le livre

Don't judge a book by its cover.
Il ne faut pas se fier aux apparences.

notebook
[nowtbouk]
le cahier

rubber
[reubeu]
la gomme

On dit *eraser* aux États-Unis.

glue
[glou]
la colle

Le crayon de couleur s'appelle *coloured pencil*, ou *colored pencil* aux États-Unis.

pencil
[pènnseul]
le crayon

Si un crayon n'est pas *sharp* (taillé), il est *blunt*...

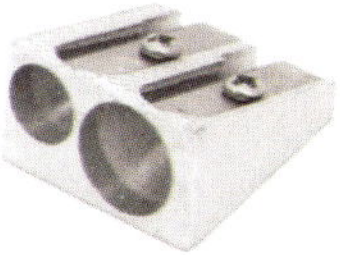

pencil sharpener
[pènnseul chârpneu]
le taille-crayon

organiser
[ôrgueunaïzeu]
l'agenda

un stylo à bille
a ball-point pen
un stylo plume
a fountain pen
un stylo-feutre
a felt-tip pen

pen
[pènn]
le stylo

staff
[stâf]
le personnel

coffee machine
[kofi meuchinn]
la machine à café

Staff désigne un groupe mais s'emploie généralement avec un verbe au singulier.

video projector
[vidiow preudjèkteu]
le vidéoprojecteur

photocopier
[fowtowkopieu]
la photocopieuse

Passer un coup de téléphone à quelqu'un, c'est to phone somebody, to call somebody ou, plus familièrement to ring somebody up.

e-mail
[imèïl]
un e-mail

telephone
[fown]
le téléphone

At the office

paper
[pèïpeu]
le papier

a sheet of paper
une feuille
de papier

On utilise le mot paper aussi comme abréviation de newspaper (journal).

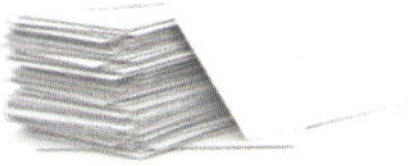

envelope
[ènnveulowp]
l'enveloppe

sellotape
[sèleutèïp]
le ruban adhésif

Il s'appelle scotch tape aux États-Unis.

folder
[fowldeu]
le classeur

meeting
[mitinng]
la réunion

to be in a rush
to be in a hurry
être pressé

appointment
[eupoïntmeunt]
le rendez-vous

L'informatique

computer
[kompiouteu]
l'ordinateur

Attention, le pluriel de mouse, c'est mice.

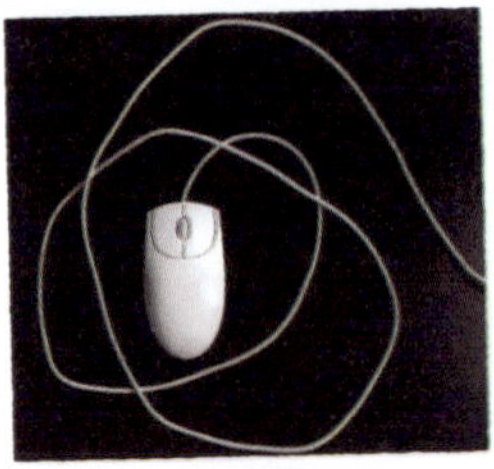

mouse
[maoss]
la souris

screen
[skrinn]
l'écran

écran plat
flat screen
écran tactile
touch screen

printer
[prinnteu]
l'imprimante

taper sur un clavier
to type on a keyboard

keyboard
[kibôrd]
le clavier

Attention ! Les pays anglophones ont un clavier différent. C'est un clavier QWERTY.

USB stick
[you èss bi stik]
la clé USB

tablet
[tableut]
la tablette

Il s'appelle ainsi parce qu'on peut le mettre sur ses genoux : in one's lap.

laptop
[laptop]
l'ordinateur portable

Aujourd'hui, on parle aussi de phablet, moitié téléphone (phone), moitié tablette (tablet) !

e-book reader
[ibouk rideu]
la liseuse

hard disk
[Hârd disk]
le disque dur

On dit aussi hard drive.

cable
[kèïbeul]
le câble

wires
les fils

to file
ranger, classer

file
[faïl]
le fichier

Le jardin

lawn
[lônn]
la pelouse

tondre la pelouse
to mow the lawn

grass
[grass]
l'herbe

The grass is always greener on the other side.
On croit toujours que c'est mieux ailleurs...

window box
[ouinndow boks]
le bac à fleurs

flowerpot
[flaweupot]
le pot

arroser les plantes
to water the plants

rake
[rèïk]
le râteau

maigre comme un clou
thin as a rake

watering can
[wôteurinng kann]
l'arrosoir

hose
[howz]
le tuyau d'arrosage

To lead someone up the garden path, c'est mener quelqu'un en bateau.

lawnmower
[lônn meuweu]
la tondeuse

Le pluriel est *benches*.

path
[paTH]
l'allée

Au figuré, *to sit on the fence*, c'est rester neutre.

bench
[bèntch]
le banc

fence
[fènss]
la clôture

to beat around the bush tourner autour du pot

au pluriel : *bushes*

bush
[bouch]
l'arbuste

street
[strit]
la rue

10 Downing Street, c'est l'adresse du Premier Ministre britannique à Londres.

pavement
[pèïvmeunt]
le trottoir

On l'appelle sidewalk aux États-Unis.

traffic lights
[trafik laïts]
le feu tricolore

crossing
[krossinng]
le passage pour piétons

Ses trois couleurs sont red, amber and green.

underground station
[eundeugraond stèïcheun]
la station de métro

C'est une subway station aux États-Unis.

bus stop
[beus stop]
l'arrêt de bus

block
[blok]
le pâté de maisons

park
[pârk]
le jardin public

un square
a public garden

square
[skouèr]
la place

crossroads
[kr**o**ssrowdz]
le carrefour

Attention, ce mot s'écrit toujours avec un s, c'est le croisement de plusieurs routes.

parking space
[p**â**rkinng spèïss]
la place de stationnement

street sign
[strit saïn]
le panneau de signalisation

juste pour le plaisir des yeux... ou quand on s'est fait voler son portable...

a phone box
[fown boks]
une cabine téléphonique

a post box
[powst boks]
une boîte aux lettres

a rubbish bin
[**reu**bich binn]
une poubelle

On l'appelle aussi *wheelie bin*, à cause de ses roues (*wheels*).

Le métro de Londres s'appelle *the Tube*, à cause de sa forme...

the Underground
[**eun**deugraond]
le métro

nom de la rue

nom du quartier

a street sign
[strit saïn]
une plaque de rue

Le Grand Londres (*Greater London*) a 32 quartiers (*boroughs*), sans compter la *City*.

an exit
[**è**ksit]
une sortie

A stroll through London

a black cab
[blak kab]
un taxi

Casque très célèbre de la police londonienne... Bobby vient de Robert, un sir Robert qui a réorganisé les forces de police en 1828.

a bobby
[bobi]
un policier

bonnet en poil d'ours !

a guard
[guârdd]
un garde

public toilets
[p**eu**blik t**oï**leuts]
les toilettes publiques

Très rares à Londres ! Mieux vaut chercher un café...

Mind the gap!
[maïnd Zeu gap]
Attention au trou !

... à l'espace entre le train et le quai... une voix nasillarde nous le rapellera dans le métro...

a double-decker bus
[d**eu**beul dèkeu beuss]
un bus à deux étages

Autour de la ville

road
[rowd]
la route

motorway
[moteuouèï]
l'autoroute

On l'appelle *highway* ou *freeway* aux États-Unis.

Dans le langage familier, « prendre la route » ou « partir » se dit *to hit the road*.

cycle lane
[saïkeul lèïn]
la piste cyclable

roundabout
[raonndeubaott]
le rond-point

J'aime beaucoup faire du vélo.
I really like cycling.

C'est aussi, avec *merry-go-round*, l'autre nom du manège.

station
[stèïcheun]
la gare

airport
[èrpôrt]
l'aéroport

monter dans le train
to get on the train

descendre du train
to get off the train

bridge
[bridj]
le pont

combler un fossé
to bridge the gap

port
[pôrt]
le port

car park
[kâr pârk]
le parking

On l'appelle parking lot aux États-Unis.

hospital
[Hospitôl]
l'hôpital

Le Super Bowl, la finale du championnat de football américain est l'événement sportif le plus regardé aux États-Unis.

stadium
[stèïdieum]
le stade

factory
[faktri]
l'usine

au pluriel : factories

La campagne

village
[vilidj]
le village

farm
[fârm]
la ferme

Je travaille dans une ferme.
I work on a farm.

farmer
[fârmeu]
le paysan

tractor
[trakteu]
le tracteur

la moisson
harvest

écurie
horse barn

étable
cowshed

mill
[mil]
le moulin

moulin à eau
watermill

moulin à vent
windmill

barn
[bârn]
la grange

fisherman
[ficheumeunn]
le pêcheur

au pluriel :
fishermen

hunter
[Heunteu]
le chasseur

braconner
to poach

wood
[woud]
le bois

une clairière
a clearing

field
[fild]
le champ

C'est comme chercher une aiguille dans une meule de foin.
It's like finding a needle in a haystack.

haystack
[Hèïstak]
la botte de foin

mushroom
[meuchroum]
le champignon

pousser comme un champignon
to mushroom

Les bâtiments

block of flats
[blok ov flats]
l'immeuble

Aux États-Unis, on l'appelle apartment block.

skyscraper
[skaïskrèïpeu]
le gratte-ciel

gratter, égratigner
to scrape

statue
[stâtchou]
la statue

fountain
[faontinn]
la fontaine

« Jour férié » se dit au Royaume-Uni bank holiday. Si les banques sont en vacances, tout le monde est en vacances !

bank
[bannk]
la banque

À ne pas confondre avec la librairie, qui se dit bookshop.

library
[laibreri]
la bibliothèque

theatre
[THieuteu]
le théâtre

Attention, an operating theatre, ce n'est pas une salle de spectacle, c'est une salle d'opération !

church
[tcheutch]
l'église

On dit au pluriel churches, la dernière syllabe se prononce « iz ».

museum
[miouzieum]
le musée

synagogue
[sineugog]
la synagogue

Aux États-Unis, le cinéma se dit movie theatre et « aller au cinéma » to go to the movies.

cinema
[sineumeu]
le cinéma

mosque
[mosk]
la mosquée

shop
[chop]
le magasin

faire
du lèche-vitrine
to go
window-shopping

market
[mârkitt]
le marché

des teintures
dyes

supermarket
[soupeumârkitt]
le supermarché

Aux États-Unis, on l'appelle aussi (shopping) mall.

shopping centre
[chopinng sènnteu]
le centre commercial

Les grands centres hors de la ville sont des out-of-town shopping centres.

café
[kafèï]
le café

le serveur
waiter
la serveuse
waitress

restaurant
[rèsstrârnt]
le restaurant

Observer les gens en buvant un café en terrasse, c'est people-watching.

bakery
[bèïkeuri]
la boulangerie

to bake
faire cuire au four

butcher's
[boutcheuz]
la boucherie

On y achète de la viande (meat). Pour acheter du poisson, il faut aller chez le fishmonger's !

greengrocer's
[grinngrowsseuz]
le primeur

la coupe de cheveux
haircut

hairdresser's
[Hèrdrèsseuz]
le coiffeur

réserver une chambre
to book a room

hotel
[Howtèl]
l'hôtel

le libraire
bookseller, bookshop owner

bookshop
[boukchop]
la librairie

till
[til]
la caisse

On l'appelle aussi checkout.

receipt
[risit]
le ticket

Très utile pour les échanges (exchanges) et les remboursements (refunds).

shop assistant
[chop eussisteunt]
le vendeur

acheter
to buy,
to purchase

department
[dipârtmeunt]
le rayon

grand magasin
department store

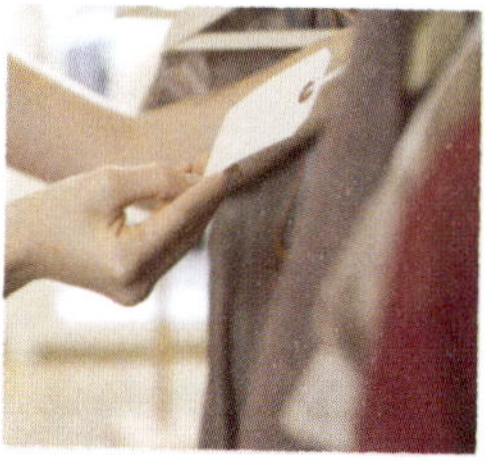

price
[praïs]
le prix

faire les soldes
to go to the sales
ou to go sales shopping

À ne pas confondre avec prize, qui signifie « prix » au sens de trophée.

sales
[sèïlz]
les soldes

trolley
[troli]
le chariot

Attention au faux ami ! Le mot anglais chariot veut dire « char » en français !

... ou fitting room

changing room
[tchèïndjinng roum]
la cabine d'essayage

money
[meunni]
l'argent

la petite monnaie
small change

un billet de banque
banknote
(ou bill aux États-Unis)

credit card
[krèditt kârd]
la carte bancaire

bag
[bag]
le sac

A bag lady, c'est une clocharde (qui transporte souvent ses affaires dans des sacs).

paper bag
[pèïpeu bag]
le sachet

a little
[e liteul]
un peu

quelques bonbons
a few sweets

a lot
[e lott]
beaucoup

beaucoup de bonbons
many sweets,
a lot of sweets,
plenty of sweets

a pot of yoghurt
[pott ov yogueurt]
un pot de yaourt

un carré de chocolat
a block of chocolate ou a square of chocolate

a bar of chocolate
[bâr ov tchokleutt]
une tablette de chocolat

a slice of ham
[slaïss ov Ham]
une tranche de jambon

un petit pain
a roll

un pain, une miche de pain
a loaf

une baguette
a French stick

a piece of bread
[piss ov brèd]
un morceau de pain

mais on dit baguette aussi

a punnet of raspberries
[peunit ov râzbeuriz]
une barquette de framboises

On l'appelle *can* aussi.

a box of biscuits
[boks ov bisskits]
une boîte de biscuits

a piece of cheesecake
[piss ov tchizkèik]
une part de cheesecake

Attention *chips*, ce sont les frites, qui s'appellent *French fries* aux États-Unis.

a tin
[tinn]
une boîte de conserve

a packet of crisps
[pakit ov krisps]
un paquet de chips

eau plate
still water

eau gazeuse
sparkling water, *fizzy water*, *carbonated water*

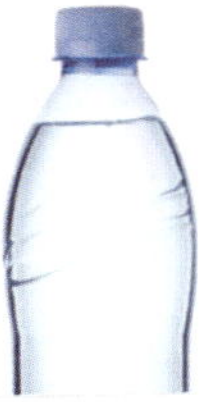

a bottle of water
[boteul ov wôteu]
une bouteille d'eau

Les transports sur terre

bike
[baïk]
le vélo

On l'appelle aussi bicycle. Une promenade à vélo se dit a bike ride ou a cycle ride.

scooter
[sk**ou**teu]
le scooter

un casque
a helmet

motorbike
[m**ow**teubaïk]
la moto

faire de la moto
to motorbike, to ride a motorbike

car
[k**a**r]
la voiture

monter dans une voiture
to get into a car

descendre d'une voiture
to get out of a car

taxi
[t**a**ksi]
le taxi

on l'appelle cab aussi

motor home
[m**eu**teu Howm]
le camping-car

Road transport

underground
[**eu**ndeugraond]
le métro

au pluriel :
buses
(la fin se
prononce « iz »)

tram
[tram]
le tramway

bus
[beuss]
le bus

au pluriel :
coaches
(la fin se
prononce aussi
« iz »)

coach
[kowtch]
l'autocar

prendre le bus
to catch the bus,
to take the bus

cable-car
[k**èï**beul kâr]
le funiculaire

On l'appelle
truck aux
États-Unis.

lorry
[l**o**ri]
le camion

it fell off the
back of a lorry
c'est tombé du
camion

rowing boat
[rowinng bowt]
la barque

faire du canoé
to canoe

canoe
[keun**ou**]
le canoé

rowing
l'aviron

windsurfing
[ou**i**nndseurfinng]
la planche à voile

to sail
voguer

sailing boat
[s**èï**linng bowt]
le voilier

waves
les vagues

boat
[bowt]
le bateau

monter dans un bateau
to get on a boat, to board

descendre d'un bateau
to get off a boat, to land

ferry
[f**è**ri]
le ferry

paragliding
[pâreglaïdinng]
le parapente

le ballon gonflable
balloon

hot-air balloon
[Hot èr beulounn]
la montgolfière

helicopter
[hèlikopteu]
l'hélicoptère

le saut en parachute
parachute jump

parachute
[pareuchout]
le parachute

plane
[plèinn]
l'avion

monter dans un avion
to get on a plane, to board

descendre d'un avion
to get off a plane

space shuttle
[spèïss cheuteul]
la navette spatiale

Les repas

breakfast
[brèkfeust]
le petit déjeuner

Littéralement, le moment où l'on brise le jeûne *break the fast*, puisque c'est le premier repas de la journée.

afternoon tea
[afteun**oun** ti]
le goûter

Classiquement un thé noir (*black tea*), avec du lait et du sucre, accompagné de *muffins*, *scones* (petits pains) ou *crumpets* (galettes épaisses).

brunch
[breuntch]
le brunch

aperitif
[eupèreut**if**]
l'apéritif

lunch
[leunch]
le déjeuner

déjeuner
to have lunch

dinner
[dineu]
le dîner

À table !
Dinner is served!

I'm hungry
[aïm H**eu**ngri]
j'ai faim

la soif = thirst
la faim = hunger

all-you-can-eat
buffet à volonté

I'm thirsty
[aïm TH**eu**rsti]
j'ai soif

to eat
[tou **itt**]
manger

Eat, drink and be merry!
Profite de la vie ! (littéralement « mange, bois et sois heureux »)

to drink
[tou drinnk]
boire

sandwich
[s**a**nndouitch]
le sandwich

...du nom du comte de Sandwich, passionné de jeux de cartes. Il demanda un jour à ses domestiques de lui servir un déjeuner afin de manger sans interrompre sa partie. On lui servit de la viande entre deux tranches de pain...

picnic
[p**i**knik]
le pique-nique

Le petit déjeuner

coffee
[**ko**fi]
le café

café noir
black coffee
café au lait
white coffee

brown sugar

sugar
[ch**eu**gueu]
le sucre

Pour ceux qui font un régime :
sweetener
édulcorant

a sugar cube

tea
[**ti**]
le thé

jam
[djam]
la confiture

la confiture d'orange :
marmalade

butter
[**beu**teu]
le beurre

mon gagne-pain
my bread and butter

honey
[H**eu**ni]
le miel

C'est aussi un mot tendre pour dire « chéri(e) ».

cereal
[sirieul]
les céréales

on l'emploie comme ça, au singulier

l'œuf dur
hard-boiled egg
l'œuf à la coque
soft-boiled egg
l'œuf au plat
fried egg,
sunny-side up egg
(littéralement, un œuf avec le côté ensoleillé sur le dessus !)

hot chocolate
[Hot tchokleutt]
le chocolat

egg
[ègue]
l'œuf

toast
[towst]
le pain grillé

Attention !
« un toast » =
a slice of toast !

croissant
[kouassan]
le croissant

Un des mots préférés pour faire sourire quand on prend une photo, l'équivalent de notre « ouistiti ».

cheese
[tchiz]
le fromage

lamb
[lamm]
l'agneau

le blanc de poulet
chicken breast

chicken
[tchikeun]
le poulet

rib-eye
faux-filet
sirloin
aloyau
rump steak
rumsteck

beef
[bif]
le bœuf

to be beefy
avoir des muscles, des biscotos

pork
[pôrk]
le porc

une côte de porc
a pork chop

duck
[deuk]
le canard

de plus en plus populaire en Angleterre...

rabbit
[rabit]
le lapin

ham
[Ham]
le jambon

On l'appelle aussi roast.

joint
[djoïnt]
le rôti

stew
[stiou]
le ragoût

… ou mincemeat. Mais attention ! Mincemeat c'est aussi le nom du mélange de fruits secs que l'on trouve dans les mince pies, les petites tartes sucrées que l'on sert à Noël, et qui à l'origine contenaient de la viande.

mince
[minss]
la viande hachée

sausage
[sossidj]
la saucisse

meatballs
[mitbôlz]
les boulettes

Les boulettes de pâte sans viande s'appellent dumplings.

herring
[H**è**rinng]
le hareng

a red herring
une fausse piste

trout
[traott]
la truite

pêcher la truite
to fish for trout

tuna
[**tiou**neu]
le thon

Ce poisson tire son nom de son apparence, qui fait (vaguement) penser à celle d'un moine (monk) !

monkfish
[m**eu**nkfich]
la lotte

salmon
[s**â**meun]
le saumon

Salmon est invariable : two salmon.

smoked salmon
saumon fumé

red mullet
[rèd m**eu**litt]
le rouget

sea bream
[si brim]
la daurade

Attention, fish est invariable !

bar
[bâr]
le bar

un banc de sardines
a school of sardines

sardine
[sârdinn]
la sardine

l'arête de poisson
fishbone

sole
[sowl]
la sole

eel
[il]
l'anguille

Autrefois, dans l'est de Londres, on mangeait des anguilles en gelée : jellied eels. On les vendait avec une pie and mash, tourte à la viande avec de la purée de pommes de terre.

cod
[kodd]
la morue

octopus
[**o**kteupeuss]
le poulpe

shellfish
les crustacées
(*shell* = coquille)

squid
[skouid]
le calamar

Scallop, c'est aussi le nom de l'escalope.

mussel
[m**eu**sseul]
la moule

to clam up
se fermer comme une huître

scallop
[sk**o**leup]
la coquille Saint-Jacques

clam
[klam]
la palourde

la perle = *pearl*

the world's your oyster
le monde vous appartient, vous pouvez faire ce que vous voulez

oyster
[**oï**steu]
l'huître

sea urchin
[si **eur**tchinn]
l'oursin

Urchin, c'est une façon un peu démodée de dire « gamin ». L'oursin, c'est donc le gamin des mers !

prawn
[pr**ô**nn]
la crevette

On dit aussi *shrimp*.

lobster
[**lo**bsteu]
le homard

claw
la pince

red like a lobster
rouge comme une écrevisse

crayfish
[kr**èï**fich]
l'écrevisse

langoustine
[lanngous**tinn**]
la langoustine

Crab, c'est aussi le signe astrologique du Cancer.

crab
[krab]
le crabe

Les cuissons et les saveurs

fried
[fraïd]
frit

Que choisir pour une bonne friture ? a frying pan une poêle à frire ou a deep-fat fryer une friteuse

grilled
[grild]
grillé

rare
[rèr]
saignant

Plus familièrement, on peut aussi dire bloody. Mais ne commandez pas a bloody steak (ce serait vulgaire) ! Dites I'd like my steak bloody.

medium rare
[midieum rèr]
à point

C'est bon ! It tastes good! It's delicious!

good
[goudd]
bon

C'est mauvais ! It tastes awful!

bad
[badd]
mauvais

sweet
[souit]
sucré

C'est trop sucré !
It's too sweet!
It's too sugary!

salty
[sôlti]
salé

acidic
[assidik]
acide

to the bitter end
jusqu'au bout

bitter
[biteu]
amer

sweet-and-sour
aigre-doux

sour milk
du lait tourné

sour
[saoueu]
aigre

On dit aussi spiced, ou hot pour un plat très épicé.

spicy
[spaïssi]
épicé

Les légumes

potato
[peut**èï**tow]
la pomme de terre

A hot potato, c'est une patate chaude qu'on refile à quelqu'un d'autre...

green bean
[gr**i**nn b**i**nn]
le haricot vert

carrot
[k**a**reut]
la carotte

les légumes crus, les crudités
raw vegetables

cabbage
[k**a**bidj]
le chou

c'est un symbole du pays de Galles

leek
[l**i**k]
le poireau

On l'appelle *eggplant* aux États-Unis.

aubergine
[**ow**bejinn]
l'aubergine

Vegetables

spinach
[spinitch]
les épinards

On emploie toujours spinach au singulier.

courgette
[kôjètt]
la courgette

On l'appelle zucchini aux États-Unis.

lettuce
[lètiss]
la salade

tomato
[teumatow]
la tomate

éplucher une tomate
to peel a tomato
Attention au pluriel : tomatoes.

artichoke
[ârtitchowk]
l'artichaut

pepper
[pèpeu]
le poivron

Il vaut mieux préciser sa couleur, par exemple red pepper, sinon on peut le confondre avec le poivre, qui se dit aussi pepper.

wheat
[ouit]
le blé

Ça se prononce exactement comme flower, la fleur.

flour
[flaoueu]
la farine

pasta
[pasteu]
les pâtes

Ils sont bons, ces spaghettis ! This spaghetti is good!

rice
[raïs]
le riz

lentils
[lèntilz]
la lentille

to spill the beans (littéralement « répandre les haricots ») = révéler un secret

bean
[bin]
le haricot

pea
[pi]
le petit pois

chickpea
[tchikpi]
le pois chiche

The Catcher in the Rye est le titre original du roman « L'Attrape-cœurs » de J. D. Salinger.

oats
[owts]
l'avoine

rye
[raï]
le seigle

Oats s'emploie toujours au pluriel.

corn
[kôrn]
le maïs

On dit *maize* aux États-Unis.

barley
[bârli]
l'orge

apple
[**a**peul]
la pomme

Je tiens à lui comme à la prunelle de mes yeux.
He is the apple of my eye.

orange
[**o**rinndj]
l'orange

pear
[p**è**eu]
la poire

to go bananas = perdre la tête ou piquer une crise

banana
[beun**a**neu]
la banane

Kiwi, c'est le surnom des Néo-Zélandais.

strawberry
[str**ô**beuri]
la fraise

Strawberries and cream (des fraises avec de la crème) est le dessert préféré des Anglais en été, surtout pendant le tournoi de Wimbledon...

kiwi
[k**i**wi]
le kiwi

peach
[pitch]
la pêche

Je mange beaucoup de fruits.
I eat a lot of fruit.
Fruit ne prend pas de s final au pluriel, sauf pour désigner différentes sortes de fruits.
Which fruits do you like?
Quelles sortes de fruits aimez-vous ?

apricot
[èïprikot]
l'abricot

cherry
[tchèri]
la cerise

to cherry-pick
trier sur le volet
(les bons cueilleurs de cerises ne choisissent que les fruits les plus beaux et les plus mûrs)

raspberry
[râzbeuri]
la framboise

lemon
[lèmeun]
le citron

une grappe de raisin
a bunch of grapes
un grain de raisin
a grape

grapes
[grèïpss]
le raisin

Les fruits

lychee
[laïtchi]
le litchi

pomegranate
[pomigraneutt]
la grenade

Attention le mot grenade existe aussi en anglais, mais il se réfère uniquement à l'engin explosif !

watermelon
[wôteumèleun]
la pastèque

melon
[mèleun]
le melon

prickly
couvert d'épines

persimmon
[kâki]
le kaki

aussi
sharon fruit

prickly pear
[prikli pèeu]
la figue de barbarie

fig
[fig]
la figue

a fig leaf, c'est une feuille de figuier et, au sens figuré, un camouflage...

blueberry
[bl**ou**beuri]
la myrtille

mango
[m**â**nngow]
la mangue

exotic fruits
les fruits exotiques

clementine
[kl**è**meuntaïnn]
la clémentine

grapefruit
le pamplemousse
lime
le citron vert

pineapple
[p**aï**napeul]
l'ananas

des mûres... mûres ? ripe blackberries

blackberry
[bl**a**kbeuri]
la mûre

Les fruits secs

hazelnut
[Hèïzeulneutt]
la noisette

Une noix qu'on a du mal à ouvrir, *a hard nut to crack*, c'est un problème difficile à résoudre.

pistachio
[pistâchiow]
la pistache

un noyer
a walnut tree

On peut former de la même façon tous les noms d'arbres qui produisent des fruits ou des noix.

walnut
[wôllneutt]
la noix

cashew nut
[kachou neutt]
la noix de cajou

des yeux en amande
almond-shaped eyes

almond
[ameund]
l'amande

On dit aussi *currants*, qui se réfèrent aux raisins de Corinthe. À ne pas confondre avec les raisins, qui s'appellent *grapes*.

raisins
[rèï zeunz]
le raisin sec

macadamia nut
[makeud**èï**mia neutt]
la noix de macadamia

to be nuts
être cinglé

He's a tennis nut.
Il est fan de tennis.

coconut
[**kow**keuneutt]
la noix de coco

de la noix de coco râpée
grated coconut

date
[dèït]
la datte

pine nut
[p**aï**n neutt]
le pignon

La prune s'appelle plum.

prune
[pr**ou**nn]
le pruneau

goji berry
[guowdjibeuri]
le goji

C'est aussi une baie (berry).

Les condiments

salt
[sôlt]
le sel

du poivre moulu
ground pepper

pepper
[pèpeu]
le poivre

Salé se dit salty ou salted. On utilise savoury pour opposer le salé au sucré.

J'aime les crèpes salées.
I like savoury pancakes.

oil
[oïl]
l'huile

vinegar
[vinnigueu]
le vinaigre

Les Anglais aiment bien manger des pickles, petits légumes marinés dans du vinaigre.

la vinaigrette
salad dressing

mustard
[meusteud]
la moutarde

La moutarde anglaise (English mustard) est assez différente de la française : elle est plus épicée !

balsamic vinegar
[bôlsamik vinigueu]
le vinaigre balsamique

Condiments

garlic
[g**â**rlik]
l'ail

une gousse d'ail
a clove of garlic
une tête d'ail
a bulb of garlic

onion
[**eu**nyeunn]
l'oignon

He knows his onions.
Il s'y connaît.

celery
[s**è**leri]
le céleri

chilli
[tch**i**li]
le piment

mettre du piment dans sa vie
to spice up one's life

gherkins
[gu**eu**rkin]
les cornichons

olives
[**o**livz]
les olives

les olives dénoyautées
pitted olives

Les herbes aromatiques

parsley
[pârsli]
le persil

faire pousser des herbes
to grow herbs

coriander
[koriânndeu]
la coriandre

les graines de coriandre
coriander seeds

tarragon
[tareugeun]
l'estragon

On l'utilise généralement au pluriel, « de la ciboulette finement hâchée » se dit finely-chopped chives.

chives
[tchaïvz]
la ciboulette

mint
[minnt]
la menthe

in mint condition
en parfait état

thyme
[taïm]
le thym

Aromatic herbs

bay leaf
[bèï lif]
le laurier

on dit aussi *laurel*, comme dans *laurel wreath* couronne de laurier

sage
[sèïdj]
la sauge

En langage littéraire *sage* veut aussi dire « sage », mais les Anglais disent plus couramment *wise*.

basil
[bèïzil]
le basilic

oregano
[origannow]
l'origan

Rosemary est aussi un prénom anglais, quoiqu'un peu démodé aujourd'hui ! *Rosemary's Baby*, ça vous dit quelque chose ?

rosemary
[rowzmeuri]
le romarin

dill
[dil]
l'aneth

Les desserts

cake
[kèïk]
le gâteau

It's a piece of cake!
C'est du gâteau !

biscuit
[bisskit]
le biscuit

pancake
[pannkèïk]
la crêpe

On fait des crêpes à la française, fines, ou américaines, plus épaisses, souvent servies avec du sirop d'érable et du bacon au petit déjeuner.

brioche
[brioch]
la brioche

tart
[târt]
la tarte

bun = un petit pain sucré, une brioche

Une différence entre tart et pie ? Tart n'est pas couvert, pie si.

choux bun
[chou beun]
le chou

crème caramel
[krèm kareumèl]
la crème caramel

la crème anglaise
custard
(mais la custard
est plus épaisse
que chez nous !)

French pastry cream
[french pèïstri krim]
la crème pâtissière

chocolate mousse
[tchokleutt mouss]
la mousse au chocolat

On dit aussi
fruit purée.

compote
[kommpowtt]
la compote

une boule
de glace
a scoop
un cornet
a cone

ice cream
[aïss krim]
la glace

littéralement, la
« crème fouettée »

whipped cream
[wipt krim]
la chantilly

Les boissons

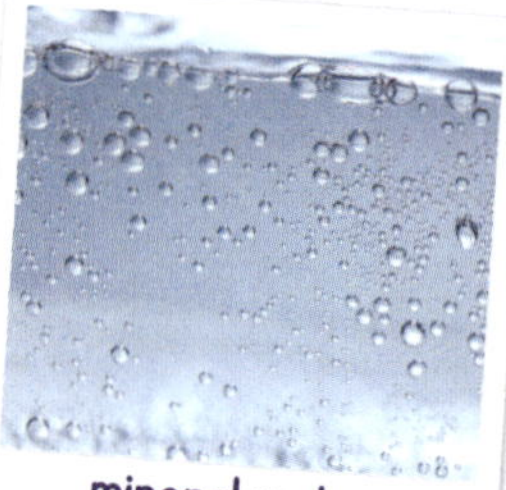

mineral water
[minnreul wôteu]
l'eau minérale

milk
[milk]
le lait

lait entier
whole milk
lait écrémé
skimmed milk
(ou fat-free milk aux USA)

fizzy drink
[fizi drink]
le soda

On dit aussi pop, et aux États-Unis, soda.

fruit juice
[frout djouss]
le jus de fruits

Vous voulez un jus de fruits ?
Would you like some fruit juice?

herbal tea
[Heurbôl ti]
la tisane

On dit aussi infusion.

freshly squeezed orange juice
[frèchli skwizd orinndj djouss]
l'orange pressée

alcohol
[**a**lkeuhol]
l'alcool

liquor
boissons alcoolisées

liqueur
[lik**iou**eu]
la liqueur

une cannette de bière
a beer can

beer
[b**i**r]
la bière

Attention, aux États-Unis, cider, c'est le jus de pomme (sans alcool) et hard cider le cidre.

cider
[s**aï**deu]
le cidre

wine
[ouaïnn]
le vin

to wine and dine somebody
inviter quelqu'un à manger, ou plus généralement le chouchouter (souvent pour obtenir quelque chose de lui...)

cocktail
[k**o**ktèïl]
le cocktail

À table chez les Anglais

breakfast
[brèkfeust]
le petit déjeuner anglais

Très différent du petit déjeuner français : avec des œufs, des saucisses, des haricots, des champignons, du bacon... On dit aussi : *full English breakfast*.

fish and chips
[fich eun tchips]
poisson frit et frites

tea time
[titaïm]
le thé de l'après-midi

Sunday roast
[seundèï rowst]
le rôti du dimanche midi

un rôti de bœuf, avec des pommes de terre rôties, des légumes, de la sauce (*gravy*) et des *Yorkshire puddings* (petits pains creux)

steak and kidney pie
[stèïk eun kidni paï]
la tourte chaude

avec du bœuf et des rognons...

shepherd's pie
[chèpeudzpaï]
le hachis parmentier

avec de la viande d'agneau... le *cottage pie*, c'est la même chose, mais avec du bœuf

Classic British food

stew
[stiou]
le ragoût

le « pot au feu » à l'anglaise, avec de la viande, des carottes, du panais, des navets et quelquefois des dumplings (petites boules de pâte)

chicken tikka masala
[tchikeun tikeu massaleu]
le poulet tikka masala

inventé en Angleterre par un immigré indien, c'est le plat préféré des Anglais

verte ou rose !

jelly
[djèli]
la gelée aux fruits

trifle
[traïfeul]
la charlotte

à base de fruits, de génoise et de crème anglaise

des fruits (pommes, prunes ou fruits rouges) recouverts d'une pâte sablée

crumble
[kreumbeul]
le crumble

Christmas pudding
[krissmeuss poudinng]
le gâteau de Noël

cuit à la vapeur et préparé longtemps à l'avance, à base de fruits secs, de fruits confits et de graisse de rognon !

cat
[katt]
le chat

Littéralement, c'est le petit cochon (hog) qui vit près des haies (hedges) !

hedgehog
[HèdjHog]
le hérisson

dog
[dog]
le chien

at a snail's pace
comme un escargot

snail
[snèïl]
l'escargot

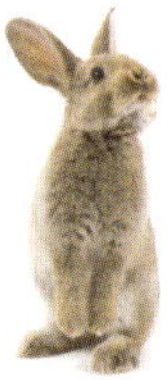

rabbit
[rabitt]
le lapin

Les enfants l'appellent bunny rabbit.

mouse
[maoss]
la souris

cow
[kao]
la vache

la vache !
holy cow!

En anglais, le coq fait cock-a-doodle-doo !

cock
[kok]
le coq

pig
[pig]
le cochon

When pigs can fly, c'est l'équivalent anglais de « quand les poules auront des dents ».

duck
[deuk]
le canard

En anglais, le canard fait quack ! quack !.

horse
[Hôrss]
le cheval

hennir = to neigh

Sheep ne prend pas de « s » au pluriel. Attention ! Mutton existe, mais c'est la viande de mouton.

sheep
[chip]
le mouton

donkey
[donnki]
l'âne

une bâche de fromage de chèvre
a log of goat's cheese

goat
[gowt]
la chèvre

zebra
[zèbreu]
le zèbre

Attention, en anglais il faut l'écrire avec deux « f ».

giraffe
[djirâf]
la girafe

squirrel
[skouireul]
l'écureuil

Aux États-Unis, on trouve beaucoup de chipmunks, des petits écureuils rouges, souvent rayés. C'est l'espèce à laquelle appartiennent les personnages de Disney « Tic et Tac » (Chip and Dale en anglais).

marmot
[mârmeut]
la marmotte

bear
[bèeu]
l'ours

polar bear
ours polaire

un ourson
a bear cub

panda
[pandeu]
le panda

rusé comme un renard
sly as a fox

Attention, le pluriel de fox est foxes.

fox
[foks]
le renard

wolf
[woulf]
le loup

une bande de loups
a pack of wolves

wild boar
[waïld bôr]
le sanglier

le groin
snout

stag
[stag]
le cerf

Former un crocodile, c'est se mettre en rang par deux : Form yourselves into a crocodile, please, children!

crocodile
[kr**o**keudaïl]
le crocodile

rhinoceros
[raï**no**seureuss]
le rhinocéros

to monkey around
faire l'imbécile

se déplacer à dos d'éléphant
to ride an elephant

monkey
[m**eu**nnki]
le singe

elephant
[**e**lifeunt]
l'éléphant

tiger
[t**aï**geu]
le tigre

les grands félins
the big cats

lion
[laïeun]
le lion

I had a whale of a time ! Je me suis éclaté !

whale
[wèïl]
la baleine

Le titre original du film de Spielberg « Les dents de la mer », c'est Jaws, les mâchoires. Brrrr...

shark
[châk]
le requin

se dandiner
to waddle

penguin
[pènngouinn]
le manchot

dolphin
[dolfinn]
le dauphin

La tortue marine s'appelle turtle.

snake
[snèïk]
le serpent

une morsure de serpent
a snake bite

tortoise
[tôrteuss]
la tortue

Les insectes

ant
[ânt]
la fourmi

se faire piquer
par une abeille
to get stung
by a bee

bee
[bi]
l'abeille

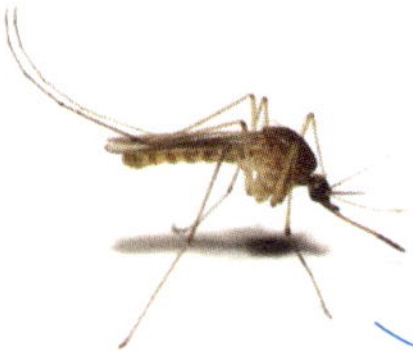

mosquito
[meuskitow]
le moustique

se faire piquer
par un moustique
to get bitten
by a mosquito

butterfly
[beuteuflaï]
le papillon

caterpillar
[kateupileu]
la chenille

Si vous avez des papillons dans le ventre, ça veut dire que vous avez le trac... voilà une jolie expression à retenir : I have butterflies in my stomach.

millipede
[milipid]
le mille-pattes

cicada
[sikadeu]
la cigale

À propos, beurkkk en anglais, c'est yuk (prononcé « yeuk ») et yukky veut dire « dégueulasse ».

cockroach
[kokrowtch]
le cafard

spider
[spaïdeu]
l'araignée

sa toile s'appelle spider's web

fly
[flaï]
la mouche

grasshopper
[grassHopeu]
la sauterelle

Aux États-Unis, on l'appelle ladybug. D'ailleurs bug est un autre mot pour dire « insecte ».

ladybird
[leidibeurde]
la coccinelle

Les oiseaux

sparrow
[sparow]
le moineau

gazouiller
to chirp,
to cheep

pigeon
[pidjin]
le pigeon

roucouler
to coo

owl
[awl]
la chouette

Ses serres s'appellent claws.

hawk
[hôk]
le faucon

surveiller quelqu'un de près
to watch someone like a hawk

heron
[hereun]
le héron

to parrot
répéter

parrot
[pareutt]
le perroquet

eagle
[igeul]
l'aigle

un homme au regard d'aigle
an eagle-eyed man

stork
[stôrk]
la cigogne

nightingale
[naïtinnguèïl]
le rossignol

au pluriel : ostriches

ostrich
[osstritch]
l'autruche

Voler se dit to fly et les ailes s'appellent wings. To take wing, c'est s'envoler.

swallow
[soualow]
l'hirondelle

to swallow
avaler

seagull
[sigueul]
la mouette

Lexique

français - anglais

A

l'**abeille** bee [bi] → 170
À bientôt ! See you soon! [si you soun] → 7
l'**abricot** apricot [èïprikot] → 149
acide acidic [assidic] → 143
à côté de next to [nèkst tou] → 10
un **adolescent** a teenager [tinèïdjeur] → 21
à droite on the right [onn Zeu raït] → 11
l'**aéroport** airport [èrpôrt] → 116
à gauche on the left [onn Zeu lèft] → 11
l'**agenda** organiser [ôrgueunaïzeu] → 105
l'**agneau** lamb [lamm] → 136
l'**agrafeuse** stapler [stèïpleu] → 104
l'**agriculteur** farmer [fârmeu] → 28
l'**aigle** eagle [igeul] → 173
aigre sour [saoueu] → 143
l'**ail** garlic [gârlik] → 155
l'**alcool** alcohol [alkeuhol] → 161
l'**allée** path [paTH] → 111
aller to go [tou gow] → 12
l'**allergie** allergy [aleudji] → 44
l'**amande** almond [ameund] → 152
amer bitter [biteu] → 143
l'**ananas** pineapple [païnapeul] → 151
l'**âne** donkey [donnki] → 166
l'**aneth** dill [dil] → 157
l'**anglais** English [innglich] → 27
l'**anguille** eel [il] → 139
l'**antibiotique** antibiotic [anntibaïotik] → 47
août August [ogueusst] → 16
l'**apéritif** aperitif [eupèreutif] → 132
à point medium rare [midieum rèr] → 142
l'**après-midi** afternoon [afteunoun] → 18
l'**araignée** spider [spaïdeu] → 171
l'**arbuste** bush [bouch] → 111
l'**arc-en-ciel** rainbow [rèïnnbow] → 81
l'**argent** ❶ [métal] silver [silveu] ❷ [monnaie] money [meunni] → 59, 125
l'**armoire** wardrobe [wôrdrowb] → 101
l'**arrêt de bus** bus stop [beus stop] → 112
l'**arrosoir** watering can [wôteurinng kann] → 110
l'**artichaut** artichoke [ârtitchowk] → 145
l'**ascenseur** lift [lift] → 90
l'**aspirateur** vacuum cleaner [vakyoum klineu] → 93
l'**aspirine** aspirin [assprinn] → 47
l'**assiette** plate [plèït] → 94
Attention ! Be careful! [bi kèrfoul] → 8
l'**aube** dawn [dônn] → 18
l'**aubergine** aubergine [owbejinn] → 144
au-dessus above [eubeuv] → 11
Au revoir ! Goodbye! [gouddbaï] → 7
Au secours ! Help! [Hèlp] → 8
l'**autocar** coach [kowtch] → 129
l'**automne** autumn [ôteum] → 16
l'**autoroute** motorway [moteuouèï] → 116
l'**autruche** ostrich [osstritch] → 173
l'**avion** plane [plèinn] → 131
l'**avocat** lawyer [lôyeu] → 28
l'**avoine** oats [owts] → 147
avoir to have [tou Hav] → 13
avril April [èïpreul] → 16

B

le **bac à fleurs** window box [ouinndow boks] → 110
la **bague** ring [rinng] → 58
la **balade** walk [wôk] → 82
le **balai** broom [broum] → 93
la **balance** scales [skèïlz] → 97

le **balcon** balcony [balkeuni] → 91

la **baleine** whale [wèïl] → 169

le **ballon** ball [bôl] → 64

la **banane** banana [beunaneu] → 148

le **banc** bench [bèntch] → 111

la **banque** bank [bannk] → 120

le **bar** bar [bâr] → 139

la **barbe** beard [bieude] → 32

la **barque** rowing boat [rowinng bowt] → 130

une **barquette de framboises** a punnet of raspberries [peunit ov râzbeuriz] → 127

le **baseball** baseball [bèïzbôl] → 66

le **basilic** basil [bèïzil] → 157

le **basket** basketball [baskitbôl] → 66

les **baskets** trainers [trèïneuz] → 54

le **bateau** boat [bowt] → 130

la **batterie** drums [dreums] → 71

bavard talkative [tôkeutiv] → 34

beau good-looking [goudd-loukinng] → 31

beaucoup a lot [e lott] → 126

un **bébé** a baby [bèïbi] → 20

le **beurre** butter [beuteu] → 134

la **bibliothèque** library [laibreri] → 120

la **bière** beer [bir] → 161

les **billes** marbles [mârbeulz] → 64

le **billet** ticket [tikètt] → 72

le **biscuit** biscuit [bisskit] → 158

blanc white [ouaïte] → 60

le **blé** wheat [ouit] → 146

bleu clair light blue [laït blu] → 60

bleu foncé dark blue [dârk blu] → 60

blond blond [blonnde] → 31

le **bœuf** beef [bif] → 136

boire to drink [tou drinnk] → 133

le **bois** wood [woud] → 119

une **boîte de biscuits** a box of biscuits [boks ov bisskits] → 127

une **boîte de conserve** a tin [tinn] → 127

le **bol** bowl [bowl] → 95

bon good [goudd] → 142

Bonjour ! Good morning! [goudd môninng] → 6

Bonne nuit ! Goodnight! [gouddnaït] → 7

le **bonnet** woollen hat [wouleunn Hatt] → 51

le **bonnet de bain** swimming cap [souiminng kap] → 68

Bonsoir ! Good evening! [goudd ivning] → 7

Bon voyage. Have a nice trip. [Hav e naïs trip] → 8

la **bosse** bump [beump] → 45

la **botte de foin** haystack [Hèïstak] → 119

les **bottes** boots [boutss] → 50

le **bouc** goatee [gowti] → 32

la **bouche** mouth [maoTH] → 38

la **boucherie** butcher's [boutcheuz] → 123

les **boucles d'oreilles** earrings [irinngz] → 58

la **bouilloire** kettle [kètl] → 95

la **boulangerie** bakery [bèïkeuri] → 123

le **bouleau** birch [beurtch] → 87

les **boulettes** meatballs [mitbôlz] → 137

le **bouquet** bouquet [boukèï] → 84

une **bouteille d'eau** a bottle of water [boteul ov wôteu] → 127

le **bouton** ❶ [sur la peau] spot [spott] ❷ [de vêtement] button [beuteunn] → 45, 57

le **bracelet** bracelet [breïcelet] → 58

la **branche** branch [brantch] → 86

le **bras** arm [ârm] → 40

la **brasse** breaststroke [brèststrowk] → 69

le **bricolage** DIY [di aï ouaï] → 63

la **brioche** brioche [brioch] → 158

la **broche** brooch [browtch] → 58

la **brosse** hairbrush [Hèrbreuch] → 99

la **brosse à dents** toothbrush [touTHbreuch] → 98

le **brouillard** fog [fog] → 81

la **brûlure** burn [beurn] → 45

brun brown [dârk] → 31

le **brunch** brunch [breuntch] → 132

le **bureau** desk [dèsk] → 104

le **bus** bus [beuss] → 129

C

la **cabine d'essayage** changing room [tchèïndjinng roum] → 125

le **câble** cable [kèïbeul] → 109

le **cafard** cockroach [kokrowtch] → 171

le **café** ❶ [lieu] café [kafèï] ❷ [boisson] coffee [kofi] → 122, 134

le **cahier** notebook [nowtbouk] → 104

la **caisse** till [til] → 124

le **calamar** squid [skouid] → 140

le **caleçon** boxers [bokseuz] → 48

calme calm [kâm] → 34

le **camion** lorry [lori] → 129

le **camping-car** motor home [meuteu Howm] → 128

le **canapé** sofa [sowfeu] → 102

le **canard** duck [deuk] → 136, 165

le **canoé** canoe [keunou] → 130

la **carotte** carrot [kareut] → 144

le **carrefour** crossroads [krossrowdz] → 113

le **carrelage** tiles [taïlz] → 89

la **carte bancaire** credit card [krèditt kârd] → 125

les **cartes** cards [kârdz] → 64

la **casquette** cap [kap] → 53

la **casserole** saucepan [sôspann] → 95

la **cave** cellar [sèleu] → 89

le **cèdre** cedar [sideu] → 87

la **ceinture** belt [bèlt] → 56

le **céleri** celery [sèleri] → 155

célibataire single [sinngueul] → 24

Ce n'est pas grave. It doesn't matter. [it deuzeunt mateu] → 9

le **centre commercial** shopping centre [chopinng sènnteu] → 122

les **céréales** cereal [sirieul] → 135

le **cerf** stag [stag] → 167

le **cerf-volant** kite [kaït] → 65

la **cerise** cherry [tchèri] → 149

le **cerveau** brain [braïnn] → 43

la **chaise** chair [tchèr] → 103

la **chaise longue** deckchair [dèktchèr] → 73

le **chalet** chalet [chalèï] → 75

le **champ** field [fild] → 119

le **champignon** mushroom [meuchroum] → 119

la **chantilly** whipped cream [wipt krim] → 159

le **chapeau** hat [Hatt] → 50

le **chapeau de paille** straw hat [strô Hatt] → 53

le **chariot** trolley [troli] → 125

le **chariot à bagages** luggage trolley [leugidj trolli] → 72

le **chasseur** hunter [Heunteu] → 119

le **chat** cat [katt] → 164

le **chauffage** heating [Hitinng] → 91

le **chauffeur** driver [draïveu] → 29

les **chaussettes** socks [sokss] → 48

les **chaussons** slippers [slipeuz] → 54

les **chaussures** shoes [chouz] ➜ 56

les **chaussures de marche** hiking boots [Haïkinng bouts] ➜ 75

chauve bald [bôld] ➜ 31

la **cheminée** ❶ [foyer] fireplace [faïeuplèïs] ❷ [conduit extérieur] chimney [tchimni] ➜ 102, 88

la **chemise** shirt [cheurt] ➜ 49

la **chemise de nuit** nightdress [naït drèss] ➜ 54

le **chêne** oak [owk] ➜ 86

la **chenille** caterpillar [kateupileu] ➜ 170

le **cheval** horse [Hôrss] ➜ 165

les **cheveux** hair [Hèr] ➜ 38

la **cheville** ankle [ènnkeul] ➜ 42

la **chèvre** goat [gowt] ➜ 166

le **chien** dog [dog] ➜ 164

le **chocolat** hot chocolate [Hot tchokleutt] ➜ 135

le **chou** ❶ [pâtisserie] choux bun [chou beun] ❷ [légume] cabbage [kabidj] ➜ 158, 144

la **chouette** owl [awl] ➜ 172

la **ciboulette** chives [tchaïvz] ➜ 156

la **cicatrice** scar [skâ] ➜ 33

le **cidre** cider [saïdeu] ➜ 161

la **cigale** cicada [sikadeu] ➜ 171

la **cigogne** stork [stôrk] ➜ 173

le **cinéma** cinema [sineumeu] ➜ 121

cinq five [faïv] ➜ 15

le **ciré** oilskin [oilskinn] ➜ 50

les **ciseaux** scissors [sizeuz] ➜ 104

le **citron** lemon [lèmeun] ➜ 149

le **classeur** folder [fowldeu] ➜ 107

le **clavier** keyboard [kibôrd] ➜ 108

la **clé** key [ki] ➜ 88

la **clémentine** clementine [klèmeuntaïnn] ➜ 151

la **clé USB** USB stick [you èss bi stik] ➜ 108

la **clim** air conditioning [èrkeundichninng] ➜ 91

la **clôture** fence [fènss] ➜ 111

la **coccinelle** ladybird [leidibeurde] ➜ 171

le **cochon** pig [pig] ➜ 165

le **cocktail** cocktail [koktèïl] ➜ 161

le **cœur** heart [Hârtt] ➜ 43

le **coiffeur** hairdresser's [Hèrdrèsseuz] ➜ 123

le **col** collar [koleu] ➜ 57

les **collants** tights [taïtss] ➜ 48

la **colle** glue [glou] ➜ 105

la **collègue** colleague [kolig] ➜ 25

le **collègue** colleague [kolig] ➜ 25

le **collier** necklace [nèkleus] ➜ 58

la **colline** hill [Hil] ➜ 83

Comment ça va ? How are you? [Hao âr you] ➜ 6

la **commode** chest of drawers [tchèst ov drôrz] ➜ 101

la **compote** compote [kommpowtt] ➜ 159

le **comprimé** tablet [tablit] ➜ 47

compter to count [tou kaonnt] ➜ 14

le **comptoir d'enregistrement** check-in desk [tchèkinn dèsk] ➜ 72

la **confiture** jam [djam] ➜ 134

le **copain** friend [frènnd] ➜ 25

la **copine** friend [frènnd] ➜ 25

le **coq** cock [kok] ➜ 165

la **coquille Saint-Jacques** scallop [skoleup] ➜ 140

la **coriandre** coriander [koriânndeu] ➜ 156

les **cornichons** gherkins [gueurkin] ➜ 155

le **costume** suit [sout] ➜ 49

le **coton** cotton [koteun] ➜ 55

le **cou** neck [nèk] ➜ 40

le coucher de soleil sunset [seunssèt] ➔ 82

le coude elbow [èlbow] ➔ 40

la couette duvet [douvèï] ➔ 100

le couloir corridor [koridôr] ➔ 90

la cour courtyard [kôrtyârd] ➔ 91

la courgette courgette [kôjètt] ➔ 145

courir to run [tou reunn] ➔ 12

la course running [reuninng] ➔ 67

le coussin cushion [koucheun] ➔ 102

le couteau knife [naïf] ➔ 94

la couverture blanket [blannkèt] ➔ 100

le crabe crab [krab] ➔ 141

la cravate tie [taï] ➔ 57

le crawl front crawl [freunnt krôl] ➔ 69

le crayon pencil [pènnseul] ➔ 105

la crème caramel crème caramel [krèm kareumèl] ➔ 159

la crème pâtissière French pastry cream [french pèïstri krim] ➔ 159

la crème solaire suncream [seun krim] ➔ 73

la crêpe pancake [pannkèïk] ➔ 158

la crevette prawn [prônn] ➔ 141

le crocodile crocodile [krokeudaïl] ➔ 168

le croissant croissant [kouassan] ➔ 135

la cuillère spoon [spoun] ➔ 94

le cuir leather [lèZeu] ➔ 55

la cuisine cooking [koukinng] ➔ 62

la culotte knickers [nikeurz] ➔ 48

D

D'accord. Alright. [ôlraït] ➔ 7

les dames draughts [drâftss] ➔ 65

la danse dance [dannse] ➔ 62

la datte date [dèït] ➔ 153

le dauphin dolphin [dolfinn] ➔ 169

la daurade sea bream [si brim] ➔ 139

le débardeur tank top [tannk top] ➔ 52

décembre December [dissèmbeu] ➔ 17

dedans inside [insaïd] ➔ 10

dehors outside [aottsaïd] ➔ 10

le déjeuner lunch [leunch] ➔ 132

le dentifrice toothpaste [touTHpèïst] ➔ 98

les dents teeth [tiTH] ➔ 39

De rien ! You're welcome! [your ouèlkeum] ➔ 8

derrière behind [beuHaïnnd] ➔ 10

les dés dice [daïss] ➔ 64

descendre to go down [tou gow daonn] ➔ 12

Désolé ! Sorry! [sori] ➔ 9

désordonné messy [mèssi] ➔ 35

le dessin drawing [drôinng] ➔ 63

deux two [tou] ➔ 14

devant in front of [inn freunnt ov] ➔ 10

le diamant diamond [daïeumeunnd] ➔ 59

dimanche Sunday [seundèï] ➔ 17

le dîner dinner [dineu] ➔ 132

dire to say [tou sèï] ➔ 13

le disque dur hard disk [Hârd disk] ➔ 109

dix ten [tènn] ➔ 15

le djembé djembe drum [jèmbeu dreum] ➔ 71

le doigt finger [finngueu] ➔ 41

dormir to sleep [tou slip] ➔ 19

le dos ❶ [partie du corps] back [bak] ❷ [en natation] backstroke [bakstrowk] ➔ 41, 69

la douche shower [chaweu] ➔ 98

la doudoune down jacket [daonn djakett] ➔ 51

la **douleur** pain [pèïnn] ➔ 44
le **drap** sheet [chiit] ➔ 100

E

l'**eau minérale** mineral water [minnreul wôteu] ➔ 160
l'**écharpe** scarf [skârf] ➔ 51
les **échecs** chess [tchèss] ➔ 65
écouter de la musique listening to music [liseuninng tou miouzik] ➔ 62
l'**écran** screen [skrinn] ➔ 108
l'**écrevisse** crayfish [krèïfich] ➔ 141
l'**écureuil** squirrel [skouireul] ➔ 166
l'**église** church [tcheutch] ➔ 121
égoïste selfish [sèlfich] ➔ 35
l'**éléphant** elephant [elifeunt] ➔ 168
l'**élève** pupil [pïoupeul] ➔ 26
un **e-mail** e-mail [imèïl] ➔ 106
l'**émeraude** emerald [emeureuld] ➔ 59
en dessous below [bilow] ➔ 11
entendre to hear [tou Hir] ➔ 13
entre between [bitouinn] ➔ 10
l'**enveloppe** envelope [ènnveulowp] ➔ 107
l'**épaule** shoulder [chowldeu] ➔ 40
épicé spicy [spaïssi] ➔ 143
les **épinards** spinach [spinitch] ➔ 145
l'**éponge** sponge [speunndj] ➔ 97
l'**équitation** horse riding [Hôrss raïdinng] ➔ 67
l'**escalade** rock climbing [rok klaïminng] ➔ 75
l'**escalier** stairs [stèrz] ➔ 90
l'**escargot** snail [snèïl] ➔ 164
l'**essuie-tout** kitchen roll [kitcheun rowl] ➔ 97
l'**estomac** stomach [stomeuk] ➔ 43
l'**estragon** tarragon [tareugeun] ➔ 156
l'**étage** floor [flôr] ➔ 90
l'**étagère** shelf [chelf] ➔ 103
l'**été** summer [seumeu] ➔ 16
être to be [tou bi] ➔ 13
l'**étudiant** student [stioudeunt] ➔ 26
l'**évier** sink [sinnk] ➔ 93
l'**excursion** excursion [èkskeurjeun] ➔ 82

F

la **façade** façade [feusâd] ➔ 91
faire to do [tou dou] ➔ 13
faire de la musique playing music [plèïyinng miouzik] ➔ 62
la **farine** flour [flaoueu] ➔ 146
le **faucon** hawk [hôk] ➔ 172
le **fauteuil** armchair [ârmtchèr] ➔ 102
la **femme** wife [ouaïf] ➔ 24
une **femme** a woman [woumeunn] ➔ 21
la **fenêtre** window [ouinndow] ➔ 88
la **ferme** farm [fârm] ➔ 118
la **fermeture éclair** zip [zip] ➔ 57
le **ferry** ferry [fèri] ➔ 130
les **fesses** bottom [botteum] ➔ 42
la **feuille** leaf [lif] ➔ 86
le **feu tricolore** traffic lights [trafik laïts] ➔ 112
février February [fèbioueri] ➔ 17
le **fichier** file [faïl] ➔ 109
la **fièvre** fever [fiveu] ➔ 44
la **figue** fig [fig] ➔ 151
la **figue de barbarie** prickly pear [prikli pèeu] ➔ 150
la **fille** daughter [dôteu] ➔ 23
le **fils** son [seun] ➔ 23
le **fleuve** river [riveu] ➔ 83
la **flûte** flute [flout] ➔ 71
la **fontaine** fountain [faontinn] ➔ 120

le **football** football [foutbôl] → 66

la **forêt** forest [forist] → 74

les **fossettes** dimples [dimpeulz] → 32

la **foudre** lightning [laïtninng] → 80

le **foulard** scarf [skârf] → 56

le **four** oven [oveunn] → 92

la **fourchette** fork [fôrk] → 94

la **fourmi** ant [ânt] → 170

la **fracture** break [brèïk] → 45

la **fraise** strawberry [strôbeuri] → 148

la **framboise** raspberry [râzbeuri] → 149

le **français** French [frènnch] → 27

le **frère** brother [broZeu] → 23

frit fried [fraïd] → 142

le **fromage** cheese [tchiz] → 135

le **front** forehead [fôrhèd] → 38

le **funiculaire** cable-car [kèïbeul kâr] → 129

fûté clever [klèveu] → 34

G

les **gants** gloves [gleuvz] → 51

le **garagiste** mechanic [meukanik] → 28

la **gare** station [stèïcheun] → 116

le **gâteau** cake [kèïk] → 158

le **gaz** gas ring [gass rinng] → 92

généreux generous [djèneureuss] → 35

le **genou** knee [ni] → 42

la **géographie** geography [djiogreuphi] → 27

la **girafe** giraffe [djirâf] → 166

la **glace** ice cream [aïss krim] → 159

le **goji** goji [guowdji] → 153

la **gomme** rubber [reubeu] → 105

la **gorge** throat [Throwt] → 39

le **goûter** afternoon tea [afteunoun ti] → 132

les **gouttes** drops [drops] → 46

le **grain de beauté** beauty spot [bïouti spot] → 33

grand tall [tôl] → 30

la **grand-mère** grandmother [grannmoZeu] → 22

le **grand-père** grandfather [granndfaZeu] → 22

les **grands-parents** grandparents [granndpèreunts] → 22

la **grange** barn [bârn] → 118

le **gratte-ciel** skyscraper [skaïskrèïpeu] → 120

la **grenade** pomegranate [pomigraneutt] → 150

le **grenier** attic [atik] → 89

grillé grilled [grild] → 142

le **grille-pain** toaster [towsteu] → 92

gris grey [grèï] → 61

gros fat [fatt] → 30

un **groupe** a group [group] → 21

la **guitare** guitar [guitâr] → 70

la **gym** P. E. [pi i] → 27

H

le **hareng** herring [Hèrinng] → 138

le **haricot** bean [bin] → 146

le **haricot vert** green bean [grinn binn] → 144

l'**hélicoptère** helicopter [hèlikopteu] → 131

l'**herbe** grass [grass] → 110

le **hérisson** hedgehog [HèdjHog] → 164

le **héron** heron [hereun] → 172

le **hêtre** beech [bitch] → 86

l'**hirondelle** swallow [soualow] → 173

l'**histoire** history [Histri] → 27

l'**hiver** winter [ouinnteu] → 17

le **homard** lobster [lobsteu] → 141

un **homme** a man [mann] → 21

l'**hôpital** hospital [Hospitôl] → 117

l'**hôtel** hotel [Howtèl] → 123

l'**huile** oil [oïl] → 154

huit eight [èït] → 15

l'**huître** oyster [oïsteu] → 140

I

ici here [Hir] → 11

l'**immeuble** block of flats [blok ov flats] → 120

l'**imperméable** raincoat [rèïnkowt] → 50

l'**imprimante** printer [prinnteu] → 108

l'**infirmier** nurse [neurss] → 29

l'**instit** primary school teacher [praïmeuri skoul titcheu] → 26

J

la **jacinthe** hyacinth [HaïeusinTH] → 85

j'ai faim I'm hungry [aïm Heungri] → 133

j'ai soif I'm thirsty [aïm THeursti] → 133

la **jambe** leg [lèg] → 42

le **jambon** ham [Ham] → 137

janvier January [djanioueri] → 17

le **jardinage** gardening [gârdninng] → 63

le **jardin public** park [pârk] → 113

jaune yellow [ièlow] → 60

le **jean** jeans [djinz] → 52

Je m'appelle… My name is... [maï nèïm iz] → 9

Je ne comprends pas. I don't understand. [aï downt indeustannd] → 9

jeudi Thursday [THeurzdèï] → 17

jeune young [yeunng] → 30

une **jeune fille** a young woman [yeunng woumeunn] → 20

un **jeune homme** a young man [yeunng mann] → 20

les **jeux vidéo** video games [vidiow gèïmz] → 63

Je vais bien, merci. I'm fine, thank you. [aïm faïn THannk you] → 6

le **jogging** jogging [djoginng] → 67

la **jonquille** daffodil [dafeudil] → 84

le **journal** newspaper [niouzpèïpeu] → 104

le **journaliste** journalist [djeurneulist] → 28

joyeux cheerful [tchirfoul] → 34

le **judo** judo [djoudow] → 67

juillet July [djoulaï] → 16

juin June [djoun] → 16

la **jupe** skirt [skeurt] → 49

le **jus de fruits** fruit juice [frout djouss] → 160

K

le **kaki** persimmon [kâki] → 150

le **kiwi** kiwi [kiwi] → 148

L

là-bas there [Zèr] → 11

le **lac** lake [lèïk] → 83

laid ugly [eugli] → 31

la **laine** wool [woul] → 55

le **lait** milk [milk] → 160

la **lampe** lamp [lammp] → 101

la **langoustine** langoustine [lanngoustinn] → 141

la **langue** tongue [teunng] → 39

le **lapin** rabbit [rabit] → 136, 164

le **laurier** bay leaf [bèï lif] → 157

le **lavabo** washbasin [wochbèïsinn] ➜ 98

la **lavande** lavender [laveundeu] ➜ 85

le **lave-linge** washing machine [wochinng meuchinn] ➜ 92

le **lave-vaisselle** dishwasher [dichwocheu] ➜ 92

la **lecture** reading [ridinng] ➜ 63

la **lentille** lentils [lèntilz] ➜ 146

les **lentilles de contact** contact lenses [konntakt lènnsiz] ➜ 33

la **lessive** washing powder [wochinng paodeu] ➜ 96

le **lever de soleil** sunrise [seunraïz] ➜ 82

les **lèvres** lips [lipss] ➜ 39

la **librairie** bookshop [boukchop] ➜ 123

le **lilas** lilac [laïleuk] ➜ 85

le **lin** linen [lineunn] ➜ 55

le **lion** lion [laïeun] ➜ 168

la **liqueur** liqueur [likioueu] ➜ 161

le **liquide vaisselle** washing-up liquid [wochinng eup likouid] ➜ 96

la **liseuse** e-book reader [ibouk rideu] ➜ 109

le **lit** bed [bèd] ➜ 100

le **litchi** lychee [laïtchi] ➜ 150

le **livre** book [bouk] ➜ 104

la **lotte** monkfish [meunkfich] ➜ 138

le **loup** wolf [woulf] ➜ 167

la **luge** sledge [slèdj] ➜ 74

lundi Monday [meunndèï] ➜ 17

la **lune** moon [moun] ➜ 80

les **lunettes** ❶ [de vue] glasses [glâssiz] ❷ [de natation] goggles [goguelz] ➜ 33, 69

les **lunettes de soleil** sunglasses [seunglassiz] ➜ 53

M

la **machine à café** coffee machine [kofi meuchinn] ➜ 106

le **magasin** shop [chop] ➜ 122

mai May [mèï] ➜ 16

le **maillot de bain (femme)** swimming costume [souiminng kostioum] ➜ 68

le **maillot de bain (homme)** swimming trunks [souiminng treunks] ➜ 68

la **main** hand [Hènnd] ➜ 40

le **maïs** corn [kôrn] ➜ 147

le **mal de gorge** sore throat [sôr Throwt] ➜ 44

le **mal de tête** headache [hèdèïk] ➜ 44

mal élevé rude [roudd] ➜ 35

la **manche** sleeve [sliv] ➜ 57

le **manchot** penguin [pènngouinn] ➜ 169

manger to eat [tou itt] ➜ 133

la **mangue** mango [mânngow] ➜ 151

le **manteau** coat [kowt] ➜ 51

le **marché** market [mârkitt] ➜ 122

marcher to walk [tou wôk] ➜ 12

mardi Tuesday [tiouzdèï] ➜ 17

la **marguerite** daisy [dèïzi] ➜ 85

le **mari** husband [Heuzbeund] ➜ 24

marié married [maridd] ➜ 24

la **marmotte** marmot [mârmeut] ➜ 166

marron brown [braonn] ➜ 61

mars March [mâtch] ➜ 16

le **masque** mask [mâsk] ➜ 69

le **matelas** mattress [matreuss] ➜ 100

les **maths** maths [maTHss] ➜ 27

le **matin** morning [môrninng] ➜ 18

mauvais bad [badd] ➜ 142

le **médecin** doctor [dokteu] ➜ 28

le **melon** melon [mèleun] ➜ 150

la **menthe** mint [minnt] ➜ 156

le **menton** chin [tchinn] → 39

Merci ! Thank you! [THannk you] → 8

mercredi Wednesday [ouènnzdèï] → 17

la **mère** mother [moZeu] → 22

le **métro** underground [eundeugraond] → 129

le **micro** microphone [maïkrefown] → 70

le **midi** midday [middèï] → 18

le **miel** honey [Heuni] → 134

le **mille-pattes** millipede [milipid] → 170

mince slim [slimm] → 30

la **mini jupe** mini skirt [mini skeurt] → 52

le **moineau** sparrow [sparow] → 172

la **montagne** mountain [maonnteun] → 74

monter to go up [tou gow eup] → 12

la **montgolfière** hot-air balloon [Hot èr beulounn] → 131

la **montre** watch [wotch] → 58

la **moquette** wall-to-wall carpet [wôltouwôl kârpeutt] → 103

un **morceau de pain** a piece of bread [piss ov brèd] → 126

la **morue** cod [kodd] → 139

la **mosquée** mosque [mosk] → 121

la **moto** motorbike [mowteubaïk] → 128

la **mouche** fly [flaï] → 171

la **mouette** seagull [sigueul] → 173

les **moufles** mittens [mitteunnz] → 51

la **moule** mussel [meusseul] → 140

le **moulin** mill [mil] → 118

la **mousse au chocolat** chocolate mousse [tchokleutt mouss] → 159

la **moustache** moustache [moustâch] → 32

le **moustique** mosquito [meuskitow] → 170

la **moutarde** mustard [meusteud] → 154

le **mouton** sheep [chip] → 165

le **muguet** lily of the valley [lili ov Zeu vali] → 85

le **mur** wall [wôll] → 89

la **mûre** blackberry [blakbeuri] → 151

les **muscles** muscles [meusseulz] → 43

le **musée** museum [miouzieum] → 121

la **myrtille** blueberry [bloubeuri] → 151

N

nager to swim [tou souim] → 68

la **nausée** nausea [nowzieu] → 44

la **navette spatiale** space shuttle [spèïss cheuteul] → 131

la **neige** snow [snow] → 81

neuf nine [naïnn] → 15

le **nez** nose [nowz] → 38

noir black [blak] → 60

la **noisette** hazelnut [Hèïzeulneutt] → 152

la **noix** walnut [wôllneutt] → 152

la **noix de cajou** cashew nut [kachou neutt] → 152

la **noix de coco** coconut [kowkeuneutt] → 153

la **noix de macadamia** macadamia nut [makeudèïmia neutt] → 153

la **note** note [nowt] → 70

un **nouveau-né** a newborn baby [niubôrnn bèïbi] → 20

novembre November [nowvèmbeu] → 16

le **nuage** cloud [klaod] → 80

la **nuit** night [naït] → 18

O

octobre October [oktowbeu] → 16

l'**œillet** carnation [kârnèïcheun] → 85

l'œuf egg [ègue] → 135

l'oignon onion [eunyeunn] → 155

les olives olives [olivz] → 155

l'ongle nail [naïl] → 41

l'or gold [gowld] → 59

l'orage thunderstorm [Theundeustôrm] → 80

l'orange orange [orinndj] → 148

orange orange [orinndj] → 60

l'orange pressée freshly squeezed orange juice [frèchli skwizd orinndj djouss] → 160

l'orchestre orchestra [ôrkistreu] → 70

l'ordinateur computer [kompiouteu] → 108

l'ordinateur portable laptop [laptop] → 109

ordonné tidy [taïdi] → 35

l'oreiller pillow [pilow] → 100

les oreilles ears [irz] → 39

l'orge barley [bârli] → 147

l'origan oregano [origannow] → 157

l'orteil toe [tow] → 42

les os bones [bownz] → 43

Où ? Where? [ouèr] → 9

l'ouragan hurricane [Heurikeun] → 81

l'ours bear [bèeu] → 167

l'ours en peluche (teddy) bear [(tèdi) bèeu] → 64

l'oursin sea urchin [si eurtchinn] → 141

l'ouvre-boîtes tin-opener [tinn owpneu] → 97

l'ouvrier worker [weurkeu] → 29

P

le pain grillé toast [towst] → 135

le palier landing [landinng] → 90

les palmes flippers [flipeuz] → 68

la palourde clam [klam] → 140

le panda panda [pandeu] → 167

le panneau de signalisation street sign [strit saïn] → 113

le pansement plaster [plasteu] → 46

le pantalon pair of trousers [pèr ov traozeuz] → 49

le papier paper [pèïpeu] → 107

le papier alu tin foil [tinn foïl] → 96

le papier toilette toilet roll [toïleut rowl] → 99

le papillon ❶ [insecte] butterfly [beuteuflaï] ❷ [en natation] butterfly stroke [beuteuflaï strowk] → 170, 69

un paquet de chips a packet of crisps [pakit ov krisps] → 127

le parachute parachute [pareuchout] → 131

le parapente paragliding [pâreglaïdinng] → 131

le parapluie umbrella [eumbrèleu] → 50

le parasol parasol [pareussôl] → 73

Parce que… Because... [bikoz] → 6

Pardon ! Excuse me! [ekskiouz mi] → 7

les parents parents [pèreunts] → 22

le paréo pareo [parëïou] → 52

le parking car park [kâr pârk] → 117

le parquet wooden floor [wouden flôr] → 103

une part de cheesecake a piece of cheesecake [piss ov tchizkèik] → 127

la partition score [skôr] → 70

le passage pour piétons crossing [krossinng] → 112

le passeport passport [passpôrt] → 72

la pastèque watermelon [wôteumèleun] → 150

la pâte à modeler Plasticine [plasteusinn] → 65

le pâté de maisons block [blok] → 113

les pâtes pasta [pasteu] → 146

le **patinage** ice skating [aïss skèïtinng] → 67

le **patin à roulettes** roller skate [rowleu skèït] → 65

la **patinoire** skating rink [skèïtinng rinnk] → 75

les **pattes** sideburns [saïdbeurnz] → 32

le **paysage** landscape [lanndskèïp] → 83

le **paysan** farmer [fârmeu] → 118

la **peau claire** pale skin [païl skinn] → 33

la **peau mate** olive skin [oliv skinn] → 33

la **pêche** peach [pitch] → 149

le **pêcheur** fisherman [ficheumeunn] → 119

le **peigne** comb [kowm] → 99

le **peignoir** bathrobe [baTHrowb] → 54

la **peinture** painting [pèïntinng] → 63

la **pelouse** lawn [lônn] → 110

le **père** father [faZeu] → 22

le **perroquet** parrot [pareutt] → 172

le **persil** parsley [pârsli] → 156

une **personne** a person [peursseun] → 21

une **personne âgée** an old person [owld peursseun] → 21

le **personnel** staff [stâf] → 106

le **pétale** petal [pèteul] → 84

petit short [chôrt] → 30

le **petit ami** boyfriend [boïfrènnd] → 24

le **petit déjeuner** breakfast [brèkfeust] → 132

la **petite amie** girlfriend [gueurlfrènnd] → 24

la **petite cuillère** teaspoon [tispounn] → 94

la **petite-fille** granddaughter [granndôteu] → 23

une **petite fille** a little girl [liteul gueurl] → 20

le **petit-fils** grandson [grannseun] → 23

un **petit garçon** a little boy [liteul boï] → 20

le **petit pois** pea [pi] → 147

un **peu** a little [e liteul] → 126

le **peuplier** poplar [popleu] → 87

la **photocopieuse** photocopier [fowtowkopieu] → 106

la **photographie** photography [feutogreufi] → 62

le **piano** piano [piânow] → 70

le **pied** foot [foutt] → 42

le **pigeon** pigeon [pidjin] → 172

le **pignon** pine nut [païn neutt] → 153

la **pilule** pill [pil] → 46

le **piment** chilli [tchili] → 155

le **pin** pine [païnn] → 87

le **ping-pong** ping pong [pinng ponng] → 66

le **pique-nique** picnic [piknik] → 133

la **piqûre** injection [inndjekcheun] → 46

la **piscine** swimming pool [souiminng poul] → 68

la **pistache** pistachio [pistâchiow] → 152

la **piste** ski trail [ski trèïl] → 75

la **piste cyclable** cycle lane [saïkeul lèïn] → 116

la **place** square [skouèr] → 113

la **place de stationnement** parking space [pârkinng spèïss] → 113

le **plafond** ceiling [silinng] → 89

la **plage** beach [biitch] → 73

la **plaine** plain [plèïn] → 83

la **planche à découper** chopping board [tchopinng bôrd] → 96

la **planche à voile** windsurfing [ouinndseurfinng] → 130

le **plancher** floor [flôr] → 89

la **plaque électrique** hob [Hob] → 92

le **plombier** plumber [pleumeu] → 28

la **pluie** rain [rèïnn] → 80

la **poche** pocket [pokit] → 57

la **poêle** frying pan [fraïinng pann] → 95

le **poignet** wrist [ristt] → 40

la **poire** pear [pèeu] → 148

le **poireau** leek [lik] → 144

le **pois chiche** chickpea [tchikpi] → 147

la **poitrine** chest [tchèst] → 41

le **poivre** pepper [pèpeu] → 154

le **poivron** pepper [pèpeu] → 145

poli polite [peulaït] → 35

le **policier** policeman [peulismeunn] → 29

le **polo** polo shirt [powlow cheurt] → 53

la **pommade** ointment [oïnntmeunt] → 46

la **pomme** apple [apeul] → 148

la **pomme de terre** potato [peutèïtow] → 144

le **pompier** fireman [faïeumeunn] → 29

le **pont** bridge [bridj] → 117

le **porc** pork [pôrk] → 136

le **port** port [pôrt] → 117

la **porte** door [dôr] → 88

le **portefeuille** wallet [wôlitt] → 56

le **porte-monnaie** purse [peurss] → 56

le **pot** flowerpot [flaweupot] → 110

un **pot de yaourt** a pot of yoghurt [pott ov yogueurt] → 126

la **poubelle** dustbin [deustbinn] → 93

le **poulet** chicken [tchikeun] → 136

le **poulpe** octopus [okteupeuss] → 140

les **poumons** lungs [leunngz] → 43

la **poupée** doll [dol] → 64

Pourquoi ? Why? [ouaï] → 6

le **primeur** greengrocer's [grinngrowsseuz] → 123

le **printemps** spring [sprinng] → 16

le **prix** price [praïs] → 124

le **prof** teacher [titcheu] → 26

le **pruneau** prune [prounn] → 153

le **pull** jumper [djeumpeu] → 50

le **pyjama** pyjamas [pidjâmeuz] → 54

Q R

Quand ? When? [ouènn] → 9

quatre four [fôr] → 14

la **racine** root [rout] → 86

le **ragoût** stew [stiou] → 137

le **raisin** grapes [grèïpss] → 149

le **raisin sec** raisins [rèïzeunz] → 152

la **randonnée** hike [Haïk] → 82

le **rasoir** razor [rèïzeu] → 99

le **râteau** rake [rèïk] → 110

le **rayon** department [dipârtmeunt] → 124

le **réfrigérateur** fridge [fridj] → 93

le **remonte-pentes** ski lift [skilift] → 74

le **renard** fox [foks] → 167

le **rendez-vous** appointment [eupoïntmeunt] → 107

rentrer to go home [tou gow Howm] → 19

le **requin** shark [châk] → 169

le **restaurant** restaurant [rèsstrârnt] → 122

la **réunion** meeting [mitinng] → 107

le **réveil** alarm clock [eulârm klok] → 101

le **rez-de-chaussée** ground floor [graonnd flôr] → 90

le **rhinocéros** rhinoceros [raïnoseureuss] → 168

le **rhume** cold [kôld] → 45

le **rideau** curtain [keurteunn] → 101

le **riz** rice [raïs] → 146

la **robe** dress [drèss] → 49

le **robinet** tap [tap] → 93

le **robot** food processor [foud prossèsseu] → 95

le **romarin** rosemary [rowzmeuri] → 157

le **rond-point** roundabout [raonndeubaott] ➔ 116

la **rose** rose [rowz] ➔ 84

rose pink [pinnk] ➔ 61

le **rossignol** nightingale [naïtinnguèïl] ➔ 173

le **rôti** joint [djoïnt] ➔ 137

rouge red [rèd] ➔ 61

le **rouget** red mullet [rèd meulitt] ➔ 138

la **route** road [rowd] ➔ 116

roux red [rèd] ➔ 31

le **ruban adhésif** sellotape [sèleutèïp] ➔ 107

le **rubis** ruby [roubi] ➔ 59

la **rue** street [strit] ➔ 112

S

le **sac** bag [bag] ➔ 125

le **sac à dos** backpack [bakpak] ➔ 26

le **sac à main** handbag [Hènndbag] ➔ 56

le **sachet** paper bag [pèïpeu bag] ➔ 125

saignant rare [rèr] ➔ 142

la **salade** lettuce [lètiss] ➔ 145

salé salty [sôlti] ➔ 143

Salut ! Hello! [Helow] ➔ 6

samedi Saturday [sateudèï] ➔ 17

les **sandales** sandals [sândeuls] ➔ 53

le **sandwich** sandwich [sanndouitch] ➔ 133

le **sanglier** wild boar [waïld bôr] ➔ 167

le **saphir** sapphire [safaïeu] ➔ 59

le **sapin** fir tree [feu tri] ➔ 87

la **sardine** sardine [sârdinn] ➔ 139

la **saucisse** sausage [sossidj] ➔ 137

la **sauge** sage [sèïdj] ➔ 157

le **saule** willow [ouilow] ➔ 87

le **saumon** salmon [sâmeun] ➔ 138

la **sauterelle** grasshopper [grassHopeu] ➔ 171

le **savon** soap [sowp] ➔ 98

le **scooter** scooter [skouteu] ➔ 128

le **sèche-cheveux** hairdryer [Hèr drayeu] ➔ 99

se coucher to go to bed [tou gow tou bèd] ➔ 19

le **seigle** rye [raï] ➔ 147

les **seins** breasts [brèsts] ➔ 41

le **sel** salt [sôlt] ➔ 154

se laver to wash [tou woch] ➔ 19

se lever to get up [tou gèt eup] ➔ 19

sept seven [sèveun] ➔ 15

septembre September [sèptèmbeu] ➔ 16

le **serpent** snake [snèïk] ➔ 169

la **serpillière** floorcloth [flô kloTH] ➔ 97

la **serviette** ❶ [de toilette] towel [taweul] ❷ [de table] napkin [napkinn] ➔ 98, 96

la **serviette de plage** beach towel [bitch taweul] ➔ 73

le **short** shorts [chôrtss] ➔ 52

la **sieste** nap [napp] ➔ 82

S'il te plaît. Please. [pliz] ➔ 8

le **singe** monkey [meunnki] ➔ 168

le **sirop** syrup [sireup] ➔ 47

six six [siks] ➔ 15

le **ski** skiing [skiinng] ➔ 74

le **slip** pants [pannts] ➔ 48

le **snowboard** snowboard [snowbôrd] ➔ 75

le **soda** fizzy drink [fizi drink] ➔ 160

la **sœur** sister [sisteu] ➔ 23

la **soie** silk [silk] ➔ 55

le **soir** evening [ivninng] ➔ 18

les **soldes** sales [sèïlz] ➔ 124

la **sole** sole [sowl] ➔ 139

le **soleil** sun [seun] ➔ 81

sortir to go out [tou gow aott] ➔ 19

les **sourcils** eyebrows [aïbraoz] ➔ 38

la **souris** mouse [maoss] → 108, 164

le **soutien-gorge** bra [bra] → 48

le **spray** inhaler [inhèïleu] → 47

le **stade** stadium [stèïdieum] → 117

la **station de métro** underground station [eundeugraond stèïcheun] → 112

la **statue** statue [stâtchou] → 120

le **stylo** pen [pènn] → 105

le **sucre** sugar [cheugueu] → 134

sucré sweet [souit] → 143

le **supermarché** supermarket [soupeumârkitt] → 122

le **survêtement** tracksuit [traksout] → 54

sympa friendly [frènndli] → 34

la **synagogue** synagogue [sineugog] → 121

T

la **table** table [tèïbeul] → 103

le **tableau** ❶ [peinture] painting [pèïntinng] ❷ [à l'école] board [bôdd] → 103, 26

la **table basse** coffee table [kofi tèïbeul] → 102

la **table de nuit** bedside table [bèdsaïd tèïbeul] → 101

la **tablette** tablet [tableut] → 109

une **tablette de chocolat** a bar of chocolate [bâr ov tchokleutt] → 126

les **taches de rousseur** freckles [frèkeulz] → 32

le **taille-crayon** pencil sharpener [pènnseul chârpneu] → 105

le **tapis** carpet [kârpeutt] → 102

la **tarte** tart [târt] → 158

la **tasse** mug [meug] → 95

le **taxi** taxi [taksi] → 128

le **téléphérique** cable car [kèïbeul kar] → 74

le **téléphone** telephone [fown] → 106

la **tempête** storm [stôrm] → 81

le **tennis** tennis [tèniss] → 66

la **terrasse** terrace [tèras] → 91

le **thé** tea [ti] → 134

le **théâtre** theatre [THièteu] → 62, 121

le **thermomètre** thermometer [THeumomiteu] → 47

le **thon** tuna [tiouneu] → 138

le **thym** thyme [taïm] → 156

le **ticket** receipt [risit] → 124

la **tige** stem [stèm] → 84

le **tigre** tiger [taïgeu] → 168

timide shy [chaï] → 34

le **tire-bouchons** corkscrew [kôrkskrou] → 97

la **tisane** herbal tea [Heurbôl ti] → 160

le **toit** roof [rouf] → 88

la **tomate** tomato [teumatow] → 145

la **tondeuse** lawnmower [lônn meuweu] → 111

les **tongs** flip flops [flip flopss] → 53

le **torchon** tea towel [ti taweul] → 96

la **tortue** tortoise [tôrteuss] → 169

le **touriste** tourist [tourist] → 72

la **toux** cough [koff] → 45

le **tracteur** tractor [trakteu] → 118

le **tramway** tram [tram] → 129

une **tranche de jambon** a slice of ham [slaïss ov Ham] → 126

trois three [Thri] → 14

la **trompette** trumpet [treumpit] → 71

le **tronc** trunk [treunnk] → 86

la **trottinette** scooter [skouteu] → 65

le **trottoir** pavement [pèïvmeunt] → 112

la **truite** trout [traott] → 138

le **T-shirt** T-shirt [ti cheurtt] → 52

la **tulipe** tulip [tioulip] → 84

le **tuyau d'arrosage** hose [howz] → 111

U

un one [oueunn] → 14
l'**usine** factory [faktri] → 117

V

le **vaccin** vaccine [vaksinn] → 46
la **vache** cow [kao] → 165
la **valise** suitcase [soutkèïss] → 72
la **vallée** valley [vali] → 83
le **vélo** bike [baïk] → 128
le **velours** velvet [vèlvit] → 55
le **vendeur** shop assistant [chop eussisteunt] → 124
vendredi Friday [fraïdèï] → 17
venir to come [tou keum] → 12
le **vent** wind [ouinnd] → 80
le **ventilateur** fan [fann] → 73
le **ventre** stomach [stomeuk] → 41
le **verre** glass [glâss] → 94
vert green [grin] → 61
la **veste** jacket [djakit] → 49
le **vétérinaire** vet [vètt] → 29
la **viande hachée** mince [minss] → 137
le **vidéoprojecteur** video projector [vidiow preudjèkteu] → 106
vieux old [owld] → 30
le **village** village [vilidj] → 118
le **vin** wine [ouaïnn] → 161
le **vinaigre** vinegar [vinnigueu] → 154
le **vinaigre balsamique** balsamic vinegar [bôlsamik vinigueu] → 154
violet purple [peurpeul] → 61
le **violon** violin [vaïeulinn] → 71
le **violoncelle** cello [tchèlow] → 71
le **voilier** sailing boat [sèïlinng bowt] → 130
voir to see [tou si] → 13
le **voisin** neighbour [nèïbeu] → 25
la **voisine** neighbour [nèïbeu] → 25
la **voiture** car [kar] → 128
les **volets** shutters [cheuteurz] → 88
le **volley** volleyball [volibôl] → 66

W

le **W.-C.** toilet [toïleut] → 99

Y

les **yeux** eyes [aïz] → 38
le **yoga** yoga [iowgueu] → 67

Z

le **zèbre** zebra [zèbreu] → 166
zéro zero [zieurow] → 14

Crédits photographiques

thinkstockphotos.com : 亨内田, 红美艾, 1970onetimer, 663983, abadonian, Adam Gryko, adam smigielski, adisa, Akabei, akiyoko, alainolympus, alan64, Aleksey Sysoev, Alex Brosa, Alex Koch, Alexander Bedrin, Alexander Shalamov, Alexandr Ozerov, alice-photo, AlinaMD, Anastasiya Maksymenko, Anastasiya Zolotnitskaya, Andreas Kirschek, Andreas Rodriguez, Andrejs Pidjass, AndrewSproule, Andrey Nekrasov, Andrey_Kuzmin, andrey_lavrushov, Andrjuss Soldatovs, anna liebiedieva, Anton Balazh, Anton Prado PHOTOGRAPHY, Anton Snarikov, Antonio Balaguer soler, antpkr, aodaodaod, Artyom Rudenko, be_low, BenBro, bhofack2, Bigandt_Photography, Blue Artist management/amanaimagesRF, Bogdan Dumitru, bombuscreative, Bozena_Fulawka, Brad Calkins, Brandon Laufenberg, brebca, Brian McEntire, Brilt, Cameron Whitman, Carey Hope, carlosdelacalle, Catalin Petolea, Catherine Yeulet, Cevdet Gökhan Palas, Chad Baker, chaiwat kwannoi, Chris Williams, claudiodivizia, Clint Spencer, Creatas Images, creativecoopmedia, cynoclub, darkbird77, Darya Maslennikova, daverhead, David De Lossy, David Pimborough, de santis paolo, Denis Bondioli, Denys Prokofyev, Design Pics, design56, Devon Gustin, deyangeorgiev, dianazh, diego cervo, digidreamgrafix, Digital Vision, Digital Vision., Dmitry Ersler, Dmitry Kutlayev, Domenico Pellegriti, DoraZett, Dragan Arrigler, dubassy, Dušan Zidar, Edith64, Edward Bock, Edward Westmacott, eelnosiva, Eivaisla, Elena Schweitzer, emily2k, encrier, Eric Isselée, Evgeny Karandaev, Evgeny Sergeev, extravagantni, fdevalera, Feng Yu, ferlistockphoto, fotofermer, Francisco Arara, franck camhi, franckreporter, Frans Rombout, Fuse, FUTURE LIGHT, Gabriele Giorgetti, Gbuglok, geargodz, gemenacom, Getty Images, ginosphotos, Gitte13, Givaga, gkuna, Gonçalo Marques, gpointstudio, guido72, Gunnar Pippel, haveseen, Hemera Technologies, Hill Street Studios, hkeita, homydesign, horiyan, Iakov Kalinin, Ibrakovic, Ievgen Chepil, Ig0rZh, ilbusca, Ildiko Papp, Ilya Postnikov, Image Source, Image Source White, ImpaKPro, inbj, Ingram Publishing, Iuliia Sokolovska, ivanadb, Ivanko_Brnjakovic, Jacob Wackerhausen, james steidl, Jan Will, Jari Hindström, Jaroslav74, javarman3, JaySi, Jeff Walton, Jetrel, Jia Fang, JoeGough, Johan Swanepoel, Johannes Norpoth, Jordan McCullough, Josep Bernat Sànchez Moner, juan moyano, Juliane Jacobs, Julija Sapic, Jupiterimages, Juri Samsonov, karandaev, Kasiam, Kharlamova, kjekol, Kolobsek, Konstantin Sutyagin, Kristijan ?ontar, Kseniya Abramova, ksushsh, ladyminnie, Lai Leng Yiap, Le Do, Leopardinatree, Lesyy, Leszek Scholz, LiliGraphie, littleclie, Liv Friis-Larsen, loongar, lucato, lucielang, LuminaStock, Maarten Steffens, Magone, maisicon, Maksim Shmeljov, Maksym Bondarchuk, Maksym Narodenko, mangostock, Marek Uliasz, Maridav, Marina Grau, Marina_Ph, Mark Moquin, Mark Stout, Marko Marcello, Maryia Bahutskaya, Matc13, Matt Olsen, Maxim Krasnov, Medioimages/Photodisc, metin Kiyak, m-gucci, Michael Blann, michele piacquadio, MickeyNG, mihalis_a, Mike Watson Images, Mike_Kiev, Mikhail Mishchenko, Minerva Studio, Miroslav Ferkuniak, MKucova, Monkey Business Images Ltd, monticelllo, moodboard, morningarage, MrJPEG, Nastco, Natalia Lyubetskaya, Natikka, nelik, neuson11, Nick White, Nickolay Khoroshkov, NicolÃ¡s MeroÃ±o, Nina Moskovchenko, NinaMalyna, Noel Hendrickson, Norman Chan, nyul, Okea, oksix, olaser, Oleg Podzorov, Oleksandr Kotenko, Oleksii Sagitov, Oleksiy Mark, Olga Popova, olgakr, oxico, Pathathai Chungyam, PaulPaladin, Pavel Losevsky, pepitoko, Peter Spiro, photomaru, PhotoObjects.net, pialhovik, Picsfive, PIKSEL, pilipphoto, PinkBadger, piovesempre, pixologicstudio, Plus69, Plush Studios, Plustwentyseven, Polka Dot Images, Prill Mediendesign & Fotografie, prudkov, pullia, Purestock, Pyrosky, quintanilla, Ramonespelt, ramzihachicho, Rasmus Rasmussen, ratmaner, rglinsky, Richelle Chapman, Ridofranz, rob_lan, Robyn Mackenzie, robynmac, Roman_Gorielov, ronstik, RTimages, Ruslan Gilmanshin, Ryan McVay, RyanKing999, saintho, Sandra Villanueva, Sarsmis, scisettialfio, scyther5, Selahattin BAYRAM, Sergey Anatolievich Pristyazhnyuk, Sergey Ilin, Sergey Nivens, Sergey Peterman, Sergey_Peterman, Serghei Platonov, Sergii Gnatiuk, Shankpony, ShevchenkoN, showcake, silavsale, Siri Stafford, skynavin, slav, Smithore, Solovyova, Stefano Toncelli, Stephanie Evans, Steve Baines, SteveByland, Stockbyte, stockcam, Stockphoto4u, Stockshots_at_3Objectives, Successful_Nick, svetlana foote, Svitlana Niedielska, Sylwia Kachel, Tal Guterman, Tamara Kulikova, Tang Chuin Hao, tanhi84, tar74, Tatjana Kruusma, Teresa Azevedo, Tetiana Vitsenko, Thomas Northcut, threeart, threeseven, thumb, Tomas Petura, Tomasz Wyszo?mirski, TommL, TongRo Image Stock, totalpics, Tsekhmister, Tyler Brown, Uliana Khramkina, Vaclav Mach, Vadim Pecheritsa, Vadym Boyshenko, Valentyn Volkov, Valya Velcheva, Vartan Nersisian, victor zastol`skiy, vikif, Viktar Malyshchyts, Viktor ?áp, Vinicius Ramalho Tupinamba, VLADGRIN, Vladone, Volodina, Volosina, Warren Goldswain, Wavebreakmedia Ltd, Werner Münzker, white_noise, Wiktory, Wouter Marck, xyno, Yahor Piaskouski, yalcinsonat1, YanLev, Yashkin Dmitry, Yulia_Davidovich, Yuriy Panyukov, Zacarias Pereira da Mata, Zeljko Bozic, zkruger, Zoltan Falb, Zoonar RF.

fotolia.com : 4designersart, A_Lein, Aaron Amat, Africa Studio, airborne77, al1center, alain wacquier, alarsonphoto, Aleksandr Lesik, Alekss, Alen Dobric, Alexander Shadrin, ALEXANDER SIKOV, Alexandr Steblovskiy, Alexei Aliev, Alexey Klementiev, alphaspirit, Anatolii, Andrejs Pidjass, Andrey Kiselev, Andrey Starorstin, andriigorulko, Angel Luis Simon Martin, Anibal Trejo, Anna Martynova, Anna Subbotina, Anna-Mari West, Anton Gorbachev, Anton Ignatenco, Anton Starikov, Antonio Gravante, anyaberkut, apatchi, archideaphoto, Artem Furman, auremar, Aygul Bulte, Baiba Opule, barbara-maria damrau, Beboy, berc, Bjoern Wylezich, bluebat, bonninturina, BortN66, Bruno D'Andrea, byheaven, Candido Bernal, chalabala, Chris Hill, Christian_MUSAT, chrupka, Claudia Närdemann, Claudio Divizia, Claudio Ventrella, CLIPAREA, contrastwerkstatt, Dada Lin, DANIELE FERRARO, Dasha Petrenko, David H. Seymour, dell, Delphimages, den3, desaxo, DeVIce, Diana Taliun, Diana_Drubig, diego1012, Dima Fadeev, Dimitri Surkov, dimj, Direk Takmatcha, Dmitriy Melnikov, Dr Josip Šaric, DragonImages, Dreaming Andy, Driving South, Edd Westmacott, EKATERINA YUDINA KATALINKS, Elena Elisseeva, Elena Schweitzer, Elnur Amikishiyev, elovich, Eric Isselée, Erwin Wodicka, Evgenia Smirnova, Evgeny Karandaev, Frederic COMBES, gena96, Gennadiy Poznyakov, German Dvinyaninov, gitanna, Giuseppe Porzan, Giuseppe Porzani, golfy, Gordan Gledec, gosphotodesign, Gouraud Studio, Grazyna M. Kowalewska, Grzegorz Kerber, Grzegorz Kerber, Guillaume DURIS - Charly, guy, HandmadePictures, He2, HLPhoto, Holly Kuchera, HORIKOSHI,S, Iakov kalinin, ibphoto, Igor Klimov, Igor Yaruta, Ilya Andriyanov, Ilya Zaytsev, Jan Becke, Jaspal Bahra, JHB, Jiri Hera, Joe Gough, Jörg Lantelme, Jürgen Fälchle, kafai, kalcutta, Kara, Karin & Uwe Annas, kav777, Khorzhevska, kiboka, Kirill Kedrinskiy, Kistryn, kk_tt, Kletr, kmiragaya, Knut Wiarda, konradbak, Konstantin Yolshin, kornienko alexandr, Krisztian Miklosy, Kvach, lassedesignen, Laura Passavanti, lazyllama, leeyiutung, lev dolgachov, Livii Androni, Ljupco Smokovski, Lsantilli, Luis Santos, M.Schaefer, Menno Schaefer, M.studio, Maks Narodenko, Maksim Shebeko, Maksym Yemelyanov, malvine_99, Malyshchyts Vikta, Malyshchyts Viktar, marc chesneau, Marc Henauer, marcobarone, marcos81, Maridav, Marina Ignatova, martiapunts, Martin Benik, Masaru Kato, massimo maghenzani, mates, matka_Wariatka, Matt Gibson, Maxisport, Mazuryk Mykola, mgkuijpers, Michael Shake, Michele Zumbini, mickyso, mimon, Momo Jitkla, MONIQUE POUZET, msk.nina@gmail.com, naka, Natalia Banegas, Natallia Yaumenenka, Natika, Nick Velichko, Nico Smit, Nikolai Sorokin, NinaMalyna, nito, Norasit Kaewsai, nyul, Ocskay Bence, Olaf Speier, Olivier DIRSON, ollirg, olly, olya_dn, pandore, Paul Salu, Peredniankina, Peter Wey, photocreo, photocrew, photomaru, PhotoSG, Picasa, picsfive, Picture Partners, Picture Partners Holland, Pierre-André Doriot, Pim Leijen, Pink Badger, pio3, Piotr Marcinsk, Piotr Marcinski, Pixel & Création, Pixelwolf, Popova Olga, Printemps, Prod. Numérik, ranczandras, raywoo, refleXtions, reinhard sester, Robert Redelowski, robsonphoto, rocharibeiro@oi.com.br, romankorytov, roostler, sablin, Sashkin, Scanrail, Scott Griessel/Creatista, Sea Wave, SEREGAM, Sergey Borisov, Sergey Nivens, Serghei Platonov, Sergio Niklitschek, Shaiith, shutswis, silver-john, Skorobogatov Dmytro, Sonja Birkelbach, Stefan Andronache, Stephane Bonnel, Steve Cukrov, stokkete, strixcode, Subbotina Anna, Svetlana Ileva, svetlana kolpakova, swisshippo, Szasz-Fabian Jozsef, szefei, Tadzio, tashka2000, Tim UR, Tkachuk Oksana, Tommaso Lizzul, Tono Balaguer, torsakarin, TTstudio, tycoon101, Tyler Olson, uckyo, ulkan, Unclesam, Uros Zunic, Valentyn Volkov, Vasyl Helevachuk, verca, VERSUSstudio, Viacheslav Lopatin, Viorel Sima, viperagp, Vladimir Grigorev, VolkOFF-ZS-BP, Wavebreak Media LTD, William Richardson, Wim Lanclus, Winfried Rusch, Wojciech Gajda, wojciech nowak, www.pikoso.kz, yanlev, yellowj, Zsolt Biczó.

Achevé d'imprimer chez Macrolibros en Espagne
Dépôt légal : avril 2014 – 314445/01
N° de projet : 11026805 – avril 2014